강강술래 학교

30년 경력 정신과 의사가
초등학교 입학 자녀의
부모님께 드리는 편지

강강
술래
학교

윤우상 지음

프롤로그

정신과 의사 생활을 한 지 30년이 넘었습니다. 저는 주로 일반 성인을 대상으로 진료를 해 왔습니다. 부모님과 아이들 상담을 많이 하긴 했지만 소아정신과 전문은 아닙니다. 그런 제가 4년 전에 《엄마심리수업》이라는 책을 냈습니다. 그 책을 내게 된 이유는 부모님이 좀 더 편안하게 자녀교육을 했으면 하는 마음 때문이었습니다.

《엄마심리수업》을 쓰고 2년 뒤에 《엄마심리수업 2 : 실전편》을 썼습니다. 두 책 모두 부모님들이 좋게 읽어주셔서 스테디셀러가 되었습니다. '육아서의 바이블' '나의 육아는 이 책을 읽기 전과 읽은 후로 나뉠 것이다' '출생신고 할 때 복지

센터에서 나눠줘야 할 책' 등등의 좋은 피드백을 주셨습니다.

  제 책이 스테디셀러가 되자 여러 출판사에서 자녀 교육과 관련된 또 다른 내용의 책을 쓰자는 제안을 해 왔습니다. 저는 모두 정중히 거절했습니다. 이 두 책으로 제가 부모님께 하고 싶은 말은 다 하였기에 자녀 교육에 관한 책은 더 이상 쓸 것도 없고, 쓰지도 않을 생각이었습니다.

  그런데 자녀 교육서는 아니지만 그 비슷한 책을 또 쓰게 되었습니다. 새롭게 부모님께 꼭 드리고 싶은 말이 생겼기 때문입니다. 부모님이라기보다는 학부모님께 드리고 싶은 말이고 특히 초등학교에 입학하는 자녀를 둔 학부모님께 드리고 싶은 말이 있어서입니다.

  이 책을 써야겠다고 생각한 것은 2년 전입니다. 시작은 제 진료실을 찾아온 초등학교 선생님들 때문이었습니다. 대부분 학부모님의 항의나 민원 때문에 마음의 병이 생긴 분들이었습니다. 때로 학생의 무례한 행동으로 상처받은 선생님도 있었습니다.

  그런데 선생님뿐만이 아니었습니다. 제 진료실에는 학교 일로 상처받은 학부모님들도 찾아왔습니다. 그 중에는 자녀가 학교폭력으로 피해를 받고 마음 고생을 한 부모님도 있었고, 반면에 자녀가 학교폭력의 가해 학생으로 몰려 억울해 하는 부모님도 있었습니다. 모두 학교를 믿지 못하고 서운해 했습니다.

선생님과 학부모님 양쪽을 만나면서 안타까운 마음이었습니다. 그리고 이것이 일부 선생님과 학부모님의 문제만이 아닐 수 있다는 생각이 들었습니다. 현재 교육 현장에서 학교와 학부모님 사이에 보이지 않는 경계심의 분위기가 있는 건 아닌지 우려되었습니다. 이런 분위기가 더 심해진다면 선생님도 부모님도 아이들도 더 많이 아프게 될 것입니다. 안 아팠으면 좋겠습니다.

안타깝고 답답한 마음에 뭐라도 해야 할 것 같았습니다. 그렇다고 제가 교육 전문가도 아닌데 뭘 할 수 있을까요? 듣는 이 없어도 "임금님 귀는 당나귀 귀~~"라고 소리라도 치듯이, 글을 통해 제 마음이라도 풀어야겠다고 생각했습니다. 그래서 이 편지를 쓰게 되었습니다.

글을 쓰게 된 또 하나의 이유가 있습니다. 자녀가 학교에 들어가면 부모님이 불안과 걱정으로 자녀에게 손을 더 많이 댑니다. 자녀가 조금만 힘들어도 부모님이 직접 나서서 해결하려고 합니다. 그럴수록 아이는 자발성이 약해지고 부모님께 의지합니다. 입학하는 자녀를 위해 부모님이 어떤 마음을 가지면 좋을지에 대해서도 이야기하고 싶었습니다.

우리 아이들이 좋은 환경에서 건강하게 성장했으면 좋겠습니다. 부모님들이 학교와 선생님을 믿고 마음 편하게 자녀를 맡겼으면 좋겠습니다. 선생님이 소신 있고 당당하게 아이들을 가르쳤으면 좋겠습니다. 아이와 부모님과 선생님이 모두 행복한 학교가 되었으면 좋겠습니다.

첫 번째, 두 번째, 여섯 번째 편지는 《엄마심리수업》에서 많은 부분을 인용했습니다. 부모님께 꼭 전하고 싶은 이야기라서 반복해서 쓰게 되었습니다. 세 번째, 네 번째, 다섯 번째 편지는 자녀의 학교생활과 선생님에 관한 내용입니다.

이 편지를 읽고 자녀가 입학하는 지금, 부모님이 자녀에 대해 어떤 교육관을 갖고 있으면 좋을지, 그리고 학교와 선생님을 어떤 마음으로 대하면 좋을지 생각해 보는 시간이 되었으면 좋겠습니다.

차례

프롤로그 ◦ 4

편지를 시작하며 ◦ 12

● 첫 번째 편지

내 아이는 완전체입니다

두 개의 비밀 코드가 있습니다 ◦ 18
색안경을 낀 사랑은 독이 됩니다 ◦ 24
아이의 성장 속도를 믿어야 합니다 ◦ 28
아이의 핸디캡을 다 막아줄 수 없습니다 ◦ 32
아이를 보는 시선이 아이의 자존감을 높입니다 ◦ 36
훈육이 필요한 행동까지 좋게 보려는 것은 과잉보호입니다 ◦ 39
아이를 있는 그대로 보는 마음습관이 중요합니다 ◦ 40

● 두 번째 편지

도와주지 않는 힘이 필요합니다

무엇을 안 해줄지 고민해야 합니다 ◦ 46
아이를 힘들게 하는 것이 부모의 역할입니다 ◦ 50
이타적인 아이들이 리더가 됩니다 ◦ 53
손을 덜 대야겠다는 마음을 가져야 합니다 ◦ 56
'도와주지 않는 능력'이 필요합니다 ◦ 59

● 세 번째 편지
학교에서 훈육이 중요합니다

훈육은 건강한 초자아를 만드는 일입니다 ◦ 64
사회적 훈육은 학교에서 할 수 있습니다 ◦ 68
마음의 상처는 성장을 위해 필요한 경험입니다 ◦ 71
학교에서 생활지도는 꼭 필요한 교육입니다 ◦ 76
행동요법은 적극적인 훈육입니다 ◦ 80
엄한 훈육은 '성장의 경험'입니다 ◦ 83
성장하는 아이들은 다양한 모습을 보입니다 ◦ 86
학교 훈육 약화는 우리 모두에게 손해입니다 ◦ 89
치료 이전에 훈육이 먼저입니다 ◦ 92
선생님을 믿고 지지해 주셔야 합니다 ◦ 96

● 네 번째 편지
학교는 작은 사회입니다

좌절과 실패의 경험이 회복 탄력성을 키웁니다 ◦ 102
선생님을 통해 아이는 새로운 세상을 만납니다 ◦ 106
부모님이 불신하면 아이도 학교를 불신합니다 ◦ 110
해프닝이 학폭위로 가는 것은 '교육적'이지 못합니다 ◦ 113
'법'이 들어오는 순간 정도, 관계도, 교육도 사라집니다 ◦ 120
'내 아이 내가 지킨다'에서 '우리 아이들 우리가 지킨다'는 마음으로 ◦ 124
'성장통'의 경험에 '트라우마'라는 프레임을 씌우지 마세요 ◦ 128

● 다섯 번째 편지
내 아이의 선생님께 힘을 주세요

선생님도 마음이 아픕니다 ◦ 134
선생님의 역할은 소중합니다 ◦ 138
학부모님의 믿음이 교육의 버팀목이 됩니다 ◦ 141
아이들의 마음의 고향이 초등학교가 되기를 바랍니다 ◦ 146

● 여섯 번째 편지
스케일을 크게 키우세요

급변하는 세상에서 보이지 않는 능력을 키워 주세요 ◦ 152
제1의 교육철학이 '자발성'이면 좋겠습니다 ◦ 156
손을 많이 댈수록 아이의 자발성은 약해집니다 ◦ 158
자발성을 키워주기 위해서는 아이를 믿어야 합니다 ◦ 162
내 아이의 인생을 길고 넓게 봐주세요 ◦ 168

편지를 마치며 ◦ 172

에필로그 강강술래 학교 ◦ 174

편지를 시작하며

자녀의 초등학교 입학을 축하드립니다.

이제 정식으로 학부모가 되셨습니다. 마냥 어리기만 한 내 아이가 초등학교에 들어간다니 기대와 불안이 함께 할 것입니다.

아무래도 기대보다는 불안이 더 크겠죠. 학교에서 잘 적응할 수 있을까, 친구들과 잘 어울릴 수 있을까, 뒤처지면 어떡하지, 여러 걱정이 앞설 겁니다.

이렇게 편지를 드리는 이유는 초등학교에 입학하는 자녀를 두신 부모님께 꼭 드리고 싶은 말씀이 있어서입니다.

초등학교 입학은 큰 환경의 변화입니다. 어린이집이나 유치원 다닐 때까지 자녀는 말 그대로 돌봄이 필요한 어린 아이였습니다. 유치원 선생님도 아이를 돌봐주는 역할이 크다고 할 수 있습니다. 하지만 초등학생이 되면 돌봄을 받는 아이가 아니라 독립적인 아이가 되어야 합니다. 학교 선생님은 돌봐주는 분이 아니라 가르치고 성장시키는 분입니다.

초등학교는 '보육'에서 '교육'으로, '돌봄'에서 '독립'으로, 모든 상황이 질적으로 크게 달라지는 시기입니다. 그리고 부모님도 자녀 교육과 관련된 많은 권한을 학교와 선생님께 믿고 맡기셔야 할 때입니다.

큰 변화의 시기에 부모님의 마음가짐이 중요합니다. 내 아이가 학생이 되었습니다. 학생으로서 변화가 필요하게 되었습니다. 부모님도 학부모가 되었습니다. 마찬가지로 학부모로서 변화가 필요합니다.

하지만 많은 부모님들은 '학부모'가 된 것이 아니라 '불안한 부모'가 되어 불안한 마음으로 아이를 학교에 보내고 있습니다. 내 아이는 '배움'과 '독립'이라는 과제를 수행하는데, 부모님은 '돌봄'과 '불안'의 수준에 머물러 있으면 안 되겠지요.

내 아이가 학생이 되는 지금, 부모님도 '학부모'로서 어떤 교육적인 태도를 가져야 할지 생각해보면 좋겠습니다. 초등학교 입학 때 갖게 된 부모님의 생각이 6년 내내 변하지 않고 지속될 가능성이 많기 때문입니다. 부모님이 나름대로의 교육철학을 갖고 있어야 자녀의 즐거운 학교생활을 지혜롭게 도와줄 수 있습니다.

저는 이 편지에서 두 가지 주제로 이야기하려고 합니다. 첫째는 내 아이를 보는 마음입니다. 부모님이 내 아이를 어떤 눈으로 보고 또 어떻게 성장하기를 기대하는지가 중요합니다.

둘째는 학교와 선생님을 보는 마음에 대해서입니다. 내 아이가 학교라는 작은 사회에서 건강하게 성장하기 위해서는 선생님과의 관계가 중요하기 때문입니다.

학교에 입학한 자녀분들이 건강하고 멋지게 성장하길 바라는 마음으로 올리는 글입니다. 제 글이 일방적인 견해일 수도 있고 혹 부족한 내용일 수도 있습니다만 학부모님께 작은 도움이 되었으면 좋겠습니다.

아, 그리고 편지를 쓰면서 '부모'와 '엄마'를 혼용해서 쓸 것입니다. 아무래도 엄마의 마음이 더 중요하기에 엄마라는 표현이 어울릴 때가 많은 것 같습니다. 이해 부탁드립니다.

● 첫 번째 편지

내 아이는 완전체입니다

아이가 학교에 들어가면서 부모님은 걱정이 많아집니다. 내 아이가 소심한데 친구를 잘 사귈 수 있을까? 내 아이는 천방지축인데 학교에서 문제는 없을까? 내 아이는 너무 예민한데 잘 적응할까? 이전까지 아이에 대해 걱정하던 면들이 더 크게 느껴집니다. 학교에 들어가는 순간, 알게 모르게 부모는 아이의 단점에 더 신경쓰게 됩니다. 부모가 본 단점은 하루아침에 바뀌지 않습니다. 거의 초등학교 내내 지속됩니다. 부모님의 걱정스런 마음도 이해하지만 그 마음이 자녀에게 좋은 것이 아닙니다.

첫 번째 편지에서는 부모님의 불안한 마음에 대해 말씀드리려고 합니다.

두 개의 비밀 코드가
있습니다

자녀 교육을 좌우하는 두 개의 비밀 코드가 있습니다. 굳이 비밀 코드라고 이름 붙인 건 중요한 원리지만 깊이 숨어 있어서 잘 알 수 없기 때문입니다. 부모님의 잠재의식 속에 숨어 있는 비밀 코드를 알아야 지혜로운 부모가 될 수 있습니다. 두 개의 비밀 코드는 '엄마 색안경'과 '엄마 냄새'입니다.

대부분의 부모는 자녀를 있는 그대로 본다고 말합니다. 하지만 의외로 자녀를 볼 때 색안경을 끼고 보는 부모가 아주 많습니다.

'내 아이는 소심해' '내 아이는 예민해' '내 아이는 너무 약해'…. 자녀에 대한 이런 마음이 바로 색안경입니다. 다른 말로 선입견이라고 할 수 있겠죠. 타인에게만 선입견이 있는 것이 아니라 내 아이에게도 선입견이 있습니다.

초등 1학년 아들이 소심하다고 걱정하는 엄마가 있습니다. 아들의 성격을 고치기 위해 스피치 학원, 리더십 학원, 태권도 학원에 보냈습니다. 그리고 자녀가 소심하면 어쩌나 늘 걱정했습니다. 보통 엄마의 평범한 걱정입니다. 하지만 이런 평범한 걱정 속에 엄마의 색안경이 숨어 있습니다.

한번 생각해볼까요? 소심하다는 건 내성적인 성향의 아이들을 부정적으로 볼 때 쓰는 단어입니다. 그런데 내성적인 성향, 소심한 모습은 모두 기질입니다. 아이 입장에서는 소심한 모습이 문제 행동이 아니라 자연스런 행동입니다. 이 평범한 모습이 문제가 되었습니다. '소심하면 안 된다'라는 선입견을 갖고 있기 때문입니다.

아이의 타고난 성향을 보고 부모가 소심하다고 걱정하고 바꾸려고 합니다. 부모의 사랑이지만 문제가 있습니다. 어떤 문제가 있을까요?

숯불에 구운 돼지갈비를 맛있게 먹고 나면 몸에서 돼지갈비 냄새가 납니다. 꽃가게에서 나오면 몸에서 꽃향기가 납니다. 마찬가지로 부모 품속에서 살아온 아이는 당연히 부모 냄새가 몸에 뱁니다. 돼지갈비를 먹고 나오면 사람들이 금방 알 듯이 부모 냄새가 몸에 밴 아이도 사람들이 금방 알아차립니다.

부모 냄새는 '부모의 마음 냄새'입니다. 부모가 아이를 귀여운 마음으로 보면 아이 몸에는 귀여운 냄새가 뱁니다. 아이는 어딜 가나 귀여운 냄새를 풍기고 사람들은 아이를 귀여워하게 됩니다. 부모가 아이를 못났다고 보면 아이 몸에 못난 냄새가 뱁니다. 아이는 어딜 가나 못난 냄새를 풍기고 사람들은 아이를 왠지 모르게 못난 아이 취급합니다.

엄마 냄새는 엄마 색안경과 함께 작동합니다. 엄마가 색안경을 끼고 '내 아이가 소심해' 하고 걱정하면서 아이에게 '소심 냄새'와 '불안 냄새'를 풍깁니다.

엄마는 아이의 소심함을 없애려고 노력하지만 소심함이 없어지기는커녕 아이한테 '소심' 냄새가 배고 엄마의 '불안'이 아이 몸과 마음에 배게 되는 역효과가 나타납니다.

'코끼리를 생각하지 마!' 법칙과 같습니다. 코끼리를 생각하지 않으려고 할수록 코끼리 생각에서 벗어나지 못하는 원리입니다. 이 현상을 '프레임(Frame) 효과'라고 합니다. 어떤 틀에 생각이 갇히는 것이지요.

'소심함'의 색안경으로 보게 되면 '얼마나 덜 소심해졌나'라는 틀에 갇혀서 아이는 역설적으로 '소심한 아이'에서 벗어나지 못하게 됩니다.

"그러면 소심한 아이를 아무것도 하지 말고 그냥 놔두라는 말이냐?" 하고 걱정하는 분도 있을 겁니다. 아닙니다. 똑같이 스피치 학원, 리더십 학원, 태권도 학원에 보내시면 됩니다. 다만 부모의 마음가짐이 중요합니다. 내성적인 성향을 고쳐야 할 문제점으로 보는 게 아니라 아이의 고유한 성향으로 긍정적으로 봐야 합니다. 내 아이를 있는 그대로 완전체로 보는 마음이죠. 그리고 아이가 내성적인 성향이니 플러스알파로 외향적인 활동을 할 수 있는 기회를 주는 거죠. 아이의 마이너스를 채우려고 아등바등하는 게 아니라 아이에게 플러스알파의 경험을 주는 것입니다. 똑같이 태권도 학원, 웅변 학원을 보내도 완전히 다른 것입니다.

만약 아이가 웅변 학원을 안 다니겠다고 할 때 소심함을 고치려는 엄마는 절대 안 된다고 합니다. 아이가 싫어도 억지로 다니게 합니다.

"너 학원 안 다니면 안 돼! 소심해서 친구도 못 사귀고 나중에 외톨이 돼."

아이는 하기 싫은 걸 억지로 하면서 자발성이 약해집니다. 이런 패턴이 부모와 자녀 사이에 반복되는 것이지요.

하지만 아이를 완전체로 보고 플러스알파의 경험을 주려는 엄마는 자녀가 싫다고 하면 쿨하게 내려놓을 수 있습니다. "그래, 하기 싫어? 혹 적응이 안돼서 그럴 수 있으니까 한 달만 더 해 보고 하기 싫으면 하지 말자. 나중에 하고 싶으면 이야기해라." 이렇게 할 수 있습니다.

아이를 고치려는 게 아니라 기회를 주는 거니까요.

소심함을 예로 들었지만 자녀에 대한 색안경은 많고 많습니다. 예민하다, 무디다. 욕심이 많다, 게으르다 등등. 그런 성향이구나 하고 가볍게 생각하면 그만인데 그 성향을 문제로 보고 걱정하고 교정하려고 합니다.

어떤 부모는 자녀가 너무 예민하다고 걱정하고, 어떤 부모는 아이가 너무 무디다고 걱정합니다. 그 기준이 무엇일까요? 모두 부모의 색안경이 만든 부모님 자신들만의 기준입니다.

반대로 어떤 부모는 예민한 아이를 감각이 뛰어나다고 긍정적으로 보고, 어떤 부모는 무딘 아이를 여유 있고 느긋한 아이로 좋게 봅니다. 부모가 어떤 마음으로 보느냐에 따라 아이가 괜찮은 아이가 되기도 하고 문제 아이가 되기도 합니다.

색안경을 낀 사랑은
독이 됩니다

내 아이의 성향은 아이가 갖고 태어난 고유한 기질입니다. 기질은 좋은 기질, 나쁜 기질이 있는 게 아닙니다. 기질은 한 생명이 태어날 때 하늘이 준 것입니다. 기질은 그 사람이 갖고 태어난 가장 잘하는, 가장 잘 맞는 '생존 기술'입니다.

그런데도 부모는 자녀의 기질을 마음에 들어 하지 않습니다. 부모의 기질과 안 맞아서 그럴 수도 있고 너무 자기 기질을 닮아서 마음에 안 들어 할 수도 있습니다. 그래도 어쩔 것인가요? 아이의 소질이라 생각하고 수용해야죠.

혹 "게으른 것도 소질인가요?" 하고 반문할 수 있겠습니다.

네, 게으른 것도 소질이라고 할 수 있습니다.

사실 '부지런', '게으른'이라는 표현은 적절하지 않습니다. 용어 자체가 긍정과 부정의 의미를 갖기 때문입니다. '빠른'과 '느린'으로 설명하는 게 좋겠습니다. 대개 빠른 기질을 부지런하게 보고 느린 기질을 게으르다고 봅니다. 아무래도 부지런하면 성공할 가능성이 더 많겠지요.

하지만 '몸과 마음이 편하면 행복'이라는 기준에서 보면 게으른 사람도 그럭저럭 괜찮습니다. 부지런한 사람은 별 소득 없이 사서 고생하지만, 게으른 사람은 별 노력 없이도 인생 편하게 잘 살기도 합니다. 그리고 느린 성향이라도 자기가 하고 싶은 일에는 엄청 집중하고 순발력을 발휘하기도 합니다. 모든 기질에는 일장일단이 있습니다.

부모가 자녀의 기질을 바꾸려고 하는 이유는 아이의 모습이 기질이라는 것을 몰라서 그렇고, 또 기질이라고 해도 변할 수 있을 것이라 착각하기 때문입니다. 자녀 교육의 기본은 자녀의 기질을 있는 그대로 받아주는 겁니다. 부모가 아이 성향을 바꾸려고 하는 순간, 아이는 문제 아이가 됩니다.

바꾸려고 하면 그때부터 부모도 아이도 괴롭습니다. 멀쩡한, 어쩌면 아이만의 독특한 능력을 비정상으로 보니 문제입니다. 아직 자기 인생을 살아보지도 않은 아이를, 자기 능력을 써 보지도 못한 아이를 문제로 보고 고치려 하고 '불안 냄새'를 주고 있습니다.

기질은 어렸을 때 바뀌지도 않고 바꾸려 해서도 안 되는 겁니다. 자기 성격이나 성향을 보충해 나가는 건 평생에 걸친 성장 과정입니다.

자녀가 초등학생이 되면 부모 냄새, 부모 색안경이 더 문제될 수 있습니다. 내가 어떤 색안경을 끼고 어떤 냄새를 주는지 잘 살펴봐야 합니다.

부모 색안경을 끼게 되면 부모의 사랑은 독이 됩니다. 부모님이 자녀를 있는 그대로 볼 수 있는 맑은 안경을 끼고 사랑의 냄새를 풍긴다면 아이들은 행복하고 건강하게 성장할 것입니다.

아이의 성장 속도를
믿어야 합니다

초등학교에 입학하는 아이들의 성장 수준은 다양합니다. 아이들마다 신체적, 인지적, 정서적 발달에 차이가 있습니다. 아직 한글을 잘 모를 수 있습니다. 숫자 개념도 약합니다. 말도 느리고 어눌합니다. 또래보다 키가 작을 수도 있고 나이에 비해 어려서 사회성이 떨어질 수 있습니다.

아이들마다 성장 속도가 다릅니다. 돌 때 성큼성큼 뛰는 아이도 있지만 혼자 일어서지 못하는 아이도 있습니다. 걷지 못하는 아이를 억지로 걷게 하는 부모는 없습니다. 모든 부모는 때가 되면 걸으려니 기다리고, 때가 오면 아이 수준에 맞춰 걸음마 연습을 시킵니다. 거기까지는 지혜롭게 잘 합니다.

그런데 아이가 '인지 기능'이 좀 생겼다 싶으면 그 전까지 현명했던 눈맞춤은 어디로 사라지고 불안과 조급함이 앞섭니다. 걷는 시기는 빠를 수도 느릴 수도 있다고 이해하면서, 글쓰기, 말하기, 숫자 알기 등에는 조금만 늦어도 안절부절못합니다.

어느 부모님은 아들이 한글을 모른다고 때려서라도 가르쳐야 되는지 고민입니다. 한글을 모른다고 때려서 가르쳐야 할까요? 영어를 몰라도 때려서 가르치고, 수학을 잘 못해도 때려서 가르칠까요?

돌 지나도 잘 못 걷는다고 아이를 때려서 걷게 하려는 것과 다를 게 없습니다. 되지도 않을 뿐더러 배움이 매 맞는 것과 연결되면 좋을 게 없겠지요.

신체적인 발달도 그렇습니다. 키가 작고 몸체가 작은 것이 단지 안 먹거나 편식을 해서 그런 것만은 아닙니다. 아이의 유전적인 성장 속도가 있는 것이지요. 정서적인 발달도 마찬가지입니다.

아이의 성숙도나 사회성도 자기만의 발달 과정이 있습니다. 자녀의 성장 속도에 대해 큰 걱정을 안 했던 부모님도 아이가 입학하게 되니 새삼 걱정이 커집니다.

부모님의 색안경 중에 '비정상 색안경'이 있습니다. 내 아이가 평균에서 벗어나면 무슨 문제가 있는 게 아닌지 불안합니다. 자녀가 또래보다 조금만 느려도, 조금만 부족해도 안절부절못하고 문제를 교정하려 합니다. 그렇게 되면 부모님의 잠재의식 속에서 자녀는 이미 '문제아'가 되는 것입니다.

부모님이 '평균'이라는 개념에 걸리면 좋을 게 없습니다. 평균이란 '그 정도 시기의 아이들은 대충 그러더라'입니다. 평균 개념이 '발달 단계'라는 그럴듯한 전문 용어로 사용됩니다. 발달 단계나 평균이나 숫자 놀음일 뿐입니다. 부모님은 남들이 내세운 발달 단계가 기준이 아니라 내 아이가 갖고 있는 고유한 타이밍을 우선으로 해야 합니다.

남의 아이들을 기준으로 보고 내 아이가 못 미친다고 너무 불안해하지 않았으면 좋겠습니다.

초등학교 저학년 때 아이의 모습은 그 자체로 자발적인 모습입니다. 한글을 잘 모르는 것은 노력이 부족해서가 아니라 아직 글에 대한 뇌의 발달이 덜 되었기 때문입니다. 나중에 발달되면 글과 관련된 능력이 타의 추종을 불허할 수도 있습니다.

숫자나 언어 능력도 마찬가지입니다. 관련된 뇌의 발달이 아직 성장하지 않은 것입니다.

내 아이의 성장 속도를 믿어야 합니다. 내 아이만이 갖고 있는 독특한 성장의 시간표가 있습니다. 일찍 피는 꽃, 늦게 피는 꽃이 있습니다. 꽃 피는 게 늦다고 온풍기 틀어놓고 줄기를 뽑아대지는 않습니다.

아이들도 마찬가지입니다. 기다리면 피는 꽃인데 손을 댈수록 꽃은 약해집니다. 평균이 중요한 것이 아니라 내 아이에게서 터져 나오는 자발성, 자생력이 중요합니다.

아이의 핸디캡을
다 막아줄 수 없습니다

초등 입학을 앞둔 아들에 대한 어느 엄마의 걱정입니다.

> 친구를 만났는데 저보고 우리 아들한테 수영을 가르치래요. 아들이 통통하니까 학교 가기 전에 살 빼야 한다고. 가면 놀림받는다고요. 아들한테 너 이렇게 뚱뚱하면 학교 가서 놀림받는다고 잔소리하고 있어요. 먹을 때마다 뭐라고 하니까 아이가 스트레스 받아요. 저도 속상해 죽겠어요.

부모님은 내 아이가 평균에서 벗어나고, 조금만 독특해도 놀림받지 않을까, 무시당하지 않을까 걱정입니다. 네, 뚱뚱하다고 놀림받고, 눈 작다고 놀림받고, 한글 모른다고 무시당할 수 있겠지요. 철모르는 아이들 세상에서는 별 일이 다 일어나니까요.

그렇다고 부모가 노력해서 자녀의 모든 면을 다 평균에 집어넣을 수는 없습니다. 안 되는 일이 더 많으니까요. 부모님이 좀 더 대범하게 여유 있는 마음을 가지시면 좋겠습니다.

자녀가 핸디캡 때문에 불편을 겪거나 상처를 받을 수도 있습니다. 하지만 그건 아이의 몫입니다. 그 나이에 아이가 겪을 삶의 한 부분입니다. 아이라고 주눅들지 않고 상처 없이 사는 것이 아닙니다. 놀림받기도 하고 무시당할 수도 있습니다. 어른들도 나름의 콤플렉스를 갖고 세상을 살고 있듯이 아이들도 아이들 세상에서 겪어야 할 힘든 과정이 있는 것입니다.

그래도 자녀가 그런 힘든 경험을 안 하게 해주고 싶은 게 부모 마음입니다. 하지만 완벽하게 보호해줄 수 없습니다. 자녀의 핸디캡, 콤플렉스를 부모님이 다 막아줄 수 없습니다.

어른들은 모르는 아이들만의 세상이 있습니다. 그 세상에서 아이들이 소소하게 얼마나 많이 당하고 상처를 받는지 모를 겁니다. 아주 큰 상처가 아니라서 아이들이 얘기하지 않을

뿐, 많은 일이 일어납니다.

오히려 그런 경험조차 하지 않게 하려다가는 작은 상처도 못 견디는 나약한 자녀를 만들게 됩니다. 한마디로 맷집이 약한 아이가 됩니다. 완벽하게 보호할 수 없다면 차라리 심리적인 맷집을 키워주는 게 더 좋습니다.

아이가 힘들어 하면 같이 아파하고 공감해주고 지지해주면 됩니다. 부모님이 든든한 마음의 지원군이 되어주시면 됩니다. 아이는 그 상처를 잘 넘기고 아이 스스로 성장하는 기회가 될 것입니다. 자녀가 상처받지 않도록 지켜주는 것도 필요하지만 상처를 받아도 잘 이겨내고 성장하도록 돕는 것이 자녀를 더 잘 지켜주는 것입니다.

이렇게 얘기해주면 좋겠습니다. "누가 뚱뚱하다고 놀려도 신경 쓰지 마. 엄마는 네가 건강하다고 생각하니까. 친구가 놀리면 그 아이한테 '놀리지 마!' 하고 당당하게 얘기해. 또 그런 말은 무시해도 돼. 그런 말에 상처받지 마. 그래도 혹시 상처받고 기분 나쁘면 엄마한테 얘기해."

그 뒤에 살짝 덧붙여서 "그래도 너무 뚱뚱하면 건강에 좋을 거 없고 놀림받을 수 있으니까 조금 살을 빼는 게 좋을 거 같다"고 아이의 변화를 돕는 것은 괜찮겠죠.

엄마가 크게 문제삼지 말고 아이를 그대로 인정해주고 믿어주고 변화와 성장의 기회를 주면 됩니다. 물론 아이가 놀림받기 싫다고 살 뺀다고 하면 더 좋겠지요. 아이의 자발성이 나오는 거니까요.

아이를 보는 시선이
아이의 자존감을 높입니다

뚱뚱한 것으로 예를 들었습니다만 다른 면들도 마찬가지입니다. 글을 잘 못 읽어도 부모님이 기다리는 마음으로 아이를 지지하고 성장의 기회를 주면 되는 것입니다.

부모님이 아이를 있는 그대로 인정하면 아이는 누가 놀려도 크게 상처받지 않습니다. '나는 괜찮은 아이인데 왜 쟤는 나를 놀리지? 그런 쟤가 문제지' 이렇게 생각할 수 있습니다. 혹 놀림을 처음 받아서 상처받을 수 있지만 금방 극복할 수 있습니다. 나를 가장 사랑하는 부모님이 내 모습을 긍정적으로 봐 주었기에 그 힘이 내면에 있는 것입니다. 이런 아이들은 상처를 극복하는 힘이 강합니다.

부모가 먼저 불안해하고 겁내면 좋을 게 없습니다. 그 불안이 아이에게 가기 때문입니다. 부모가 먼저 '너 ○○하면 학교에서 아이들이 놀린다'면서 아이에게 겁을 줍니다. 그러면 아이도 자신의 모습을 부정적으로 받아들이고 불안해집니다. 아이의 지금의 모습을 못난 모습, 열등한 모습으로 부모가 먼저 만들어버리는 결과가 됩니다.

이런 경우 아이는 실제로 친구가 놀렸을 때 크게 상처받습니다. 자기 자신을 스스로 문제 아이로 받아들이게 됩니다. 부모도 그렇게 이야기했고, 친구도 그랬으니, 세상도 그럴 것이라 생각합니다. 부모의 불안한 말 속에 아이의 자존감은 낮아집니다.

자녀의 자존감을 중요하게 여기면서 오히려 부모가 자녀의 자존감을 깎는 경우가 많습니다. 아이들이 고칠 게 한두 가지가 아니죠. 그러면 그 아이는 늘 부족한 아이고 자존감이 낮은 아이여야 할까요? 아이가 평균에서 벗어나면 자존감이 깎여야 할까요? 아이가 완전해야 부모님이 아이의 자존감을 높여줄 수 있는 건가요? 아닙니다. 아이가 평균에서 벗어나도, 부족해도, 자존감이 높아야 합니다.

아이의 자존감을 높이고 당당하게 만드는 것은 부모님이 자녀를 보는 시선입니다. 부모님이 아이의 지금 모습을 있는 그대로 봐줄 때 아이의 자존감은 높아집니다.

부모님이 아이를 있는 그대로 봐줄 때 자녀의 지금 모습이 열등한 면이 아니라 개성이 되는 것입니다. 남다른 모습이 개성이 되는 것은 부모님이 자녀를 바라보는 마음으로 결정됩니다.

훈육이 필요한 행동까지
좋게 보려는 것은 과잉보호입니다

아, 한 가지 말씀 드려야겠습니다. 자녀를 완전체로 본다고 내 아이가 무조건 최고다, 무얼 해도 괜찮다는 말은 아닙니다. 자녀를 있는 그대로 긍정적으로 보란다고 자신이나 타인에게 해가 되는 행동을 좋게 보고 방치하라는 이야기는 절대 아닙니다. 담임선생님이 아이의 행동이 문제가 된다고 부모님께 말씀드렸는데 왜 내 아이를 좋게 봐주지 않느냐, 내 아이는 원래 그런 아이니까 선생님이 그냥 잘 봐주라는 학부모님도 있다고 합니다. 그것은 자녀를 긍정적으로 보는 것이 아니라 과잉보호하는 것입니다. 훈육이 필요한 행동까지 좋게 보고 최고라고 생각하지는 않으시겠지요.

아이를 있는 그대로 보는
마음습관이 중요합니다

요새 소아정신과 진료를 받으려면 진료 예약이 쉽지 않습니다. 이름도 다양한 아동심리센터도 많이 생겼습니다. 상담이 필요한 아이들이 많아서겠지만 부모님의 불안도 영향이 있을 것 같습니다.

자녀의 행동에 일희일비하는 건 괜찮습니다. 잘 하면 뿌듯해하고 조금 못하면 안타까워하는 건 모든 부모님의 마음이니까요. 하지만 일희일비가 아니라 고착되는 것이 문제입니다. 내 아이의 어떤 한 모습을 보고 아이의 성향 전체를, 능력 전체를 판단하지 않도록 주의해야 합니다. 그런 선입견이 바로 색안경이니까요.

부모가 까만 색안경을 끼고 본다면 하얀 내 아이가 까맣게 보일 겁니다. 부모가 까만 물을 빼겠다고 매일 때밀이 수건으로 빡빡 밀어대면 아이 피부만 피멍이 들게 될 겁니다.

부모님은 자녀를 위한 행동이라면 다 사랑으로 생각합니다. 그 사랑 속에 독이 숨어 있다는 걸 모릅니다. 저는 이런 부모님을 많이 봐왔습니다. 멀쩡한 아이를 문제아로 보고 고치겠다고 여기저기 애타게 찾아다니고, 아이를 평균에 맞추려고 불안 속에 자꾸자꾸 손을 댑니다.

매일 아이를 문제 색안경을 끼고 바라보면서 불안 냄새, 불량 냄새를 주면서 사랑을 주니 아이는 약해집니다.

부모님의 잠재의식 속에는 이상적인 아이가 들어 있습니다. 부모님은 완전한 아이, 핸디캡이 없는 이상적인 아이를 기준으로 눈앞의 내 아이를 봅니다. 그러니 자녀가 문제 있는 아이로 보일 수 있습니다.

하지만 아이는 아직 여덟 살입니다. 말하기 시작한 게 4~5년밖에 안 되고, 글 읽기 시작한 것도 2~3년입니다. 이제 겨우 학교라는 작은 사회에 첫 발을 내디뎠을 뿐입니다. 그 아이에게 무엇을 바라시나요? 내 아이는 지금 아무 문제없습니다. 초등학교 저학년 때부터 자녀를 있는 그대로 보는 마음습관이 중요합니다. 그런 부모의 마음습관이 평생 가는 경우가 많으니까요.

'지금 내 아이의 모습이 아이의 최선의 모습이고, 그 자체로 완전체다'라고 믿어야 합니다. 이제 아이가 성장을 시작하는 출발점에 서 있으니까요. 멋진 내 아이를 시작부터 불량품으로 출발시키면 안 되니까요.

● 두 번째 편지

도와주지 않는 힘이 필요합니다

역설적으로 이 시대는 아이를 힘들지 않게 하는 것이 부모의 역할이 아니라 아이를 힘들게 하는 것이 부모의 역할입니다. 부모님에게 필요한 능력은 '도와주는 능력'이 아니라 '도와주지 않는 능력'입니다. 무척 어렵습니다. 내가 도와주면 아이가 편하고 더 성장할 텐데 어찌 안 도울 수 있을까요. 도와주고 싶은 마음이 들 때 뒷짐지는 훈련을 해야 합니다. 부모님이 도와줄수록 자녀가 스스로 할 수 있는 힘은 약해집니다. 자녀가 독립적인 인간으로 성장하는 것을 가로막는 것입니다.

두 번째 편지에서는 이 시대에 필요한 진짜 '부모력'에 대해 말씀드리려 합니다.

무엇을 안 해줄지
고민해야 합니다

제가 사는 집 바로 뒤에 초등학교가 있습니다. 가끔 아침에 창문으로 등굣길을 내려다 볼 때가 있습니다. 엄마들이 저학년 자녀를 학교까지 바래다줍니다. 대부분 엄마가 아이의 가방을 엄마 어깨에 둘러메고 갑니다. 물론 자기 가방을 직접 메고 가는 아이도 있습니다. 그 아이가 씩씩하게 보이기도 하지만 한편으로는 조금 짠해 보이기도 합니다. 가방을 누가 메고 가는 게 좋을까요?

식당에서 본 장면입니다. 엄마가 초등학교 일이학년쯤 된 아들과 돈가스를 먹고 있습니다. 아이는 핸드폰에서 눈을 안 떼고 있고, 엄마는 돈가스를 자르고 포크로 찍어서 아이 입에

넣어줍니다. 아들은 입만 벌리고 받아먹습니다. 식사 끝날 때까지 아이는 한번도 포크를 손에 쥐지 않았습니다. 이런 풍경이 낯설지 않습니다.

어느 초등학교 선생님 말씀이 초등학교 1학년 아이들 중에는 요구르트 포장도 못 뜯고, 병뚜껑도 못 여는 아이들이 있다고 합니다. 고학년이 되어서도 운동화 끈을 묶을 줄 몰라 끈이 풀린 채로 걸어 다니는 아이들도 있답니다. 부모가 해주는 것에 길들여진 아이는 자기 손으로 안 하는 게 당연합니다.

부모님은 자녀를 위해서 뭐든 다 해주려고 합니다. 다 해주는 행동이 무슨 문제가 있는지 별로 생각하지 않습니다. 하지만 무엇을 해주고 무엇을 안 해줄지에 대하여 부모님의 교육철학의 하나로 고민해야 합니다.

몸을 안 쓰는 세상입니다. 기계 문명이 발달되어 일상생활에서도 힘들게 몸을 쓸 일도 줄었습니다. 게다가 부모는 자녀가 할 일을 대신 해줍니다. 우유팩도 뜯어주고, 신발도 신겨주고, 가방도 들어주고, 숙제도 해줍니다. 내 아이가 힘들지 않았으면 하는 마음이겠지요. 물론 아이가 스스로 안 하니까, 잘 못하니까 부모님이 답답해서 대신 해주기도 합니다.

그러다보니 초등학생 아이에게 밥도 떠먹여주고 이도 닦아주고 똥도 닦아줍니다.

별 생각 없이 다 해주니 부모의 이런 태도가 습관이 됩니다. 아이도 안 하는 것이 당연합니다. 이런 습관이 초등학교 저학년 때에 끝나면 좋겠지만 중학교, 고등학교, 대학교까지 지속됩니다.

자녀가 본격적으로 공부를 시작하게 되면 이런 현상은 더 심해집니다. 공부 때문에 모든 일에서 면죄부를 줍니다. 공부하니까 방청소 대신 해주고, 공부하니까 엄마가 자녀 심부름해주고, 공부하니까 할머니 생일 모임에도 빠집니다. 공부하느라 힘든데, 공부하느라 시간이 없는데, 공부에 방해되는데…. 이러면서 더 해주고 다 해줍니다.

아이를 힘들게 하는 것이
부모의 역할입니다

부모가 다 해주면 자녀가 어떻게 될까요?

첫째, 자기 할 일이 뭔지 모르는 아이가 됩니다. 부모가 대신 해주니 자기가 할 일이 뭔지 생각할 필요도 없습니다. 그저 가만있다가 엄마가 이거 해라 하면 그때 하면 됩니다. 자기 스스로 하는 법을 잊어버렸습니다. 그러니 커가면서 점점 자발성이 떨어지고 무기력해집니다.

둘째, 불평불만이 많아집니다. 부모가 대신 해주니 고마워야 하는데 정반대입니다. 작은 일만 시켜도 내가 왜 이 일을 해야 하느냐고 따집니다. 당연히 자기가 해야 할 일에도 짜증내고 불평합니다. 나중에는 '호의가 계속되면 권리인 줄 안다'고 부모가 해준 게 뭐가 있냐고 원망합니다.

셋째, 책임감도 없습니다. 뒤치다꺼리를 부모가 대신 해주니 일만 벌이고 나 몰라라 합니다. 자신이 저지른 일로 몸과 마음이 힘들어봐야 하는데 별 문제 없이 처리되니 자기가 한 일이 뭐가 잘못인지도 모릅니다. 문제의식이 없으니 문제 행동이 반복됩니다.

동네 아파트를 지나다 보면 다 먹은 음료 캔이 계단에 굴러다니고, 먹다 남은 빵이 공원 벤치에 놓여 있습니다. 음료 캔을 들고서 쓰레기통을 찾아 넣는 행동도 귀찮은 것입니다. 나쁜 아이라서가 아니라 기본 생활습관에 대한 훈육이 부족하기 때문입니다. 늘 누가 치워줬으니까 누군가 치우려니 하는 것이지요.

자기가 할 일을 안 하고도 미안함이나 죄책감이 없습니다. 도와주는 사람에게 고마움도 못 느낍니다. 애지중지 키운다는 게 어느 틈에 버릇없고 안하무인이고 자기 할 일 안 하는 무책임한 아이로 키우게 됩니다.

넷째, 부모가 다 해주면 아이가 약해집니다. 어려서 힘들지 않으면 세상에 나가서 힘들게 됩니다. 앞으로 아이들이 살아갈 세상은 몸도 힘들고 마음도 힘든 곳입니다. 그런 세상을 미리 준비시켜야 합니다. 자기 몸을 안 쓰면 편하고 행복할까요? 몸을 안 쓸수록 역설적으로 더 불행해집니다. 편한 것에 길들여지니 조금만 몸을 쓰게 되면 불평불만이고, 쉽게 포기합니다.

자녀가 일상에서 해야 할 일은 '힘든 일'이 아니라 '당연한 일'입니다. 부모가 자기 아이를 일상적인 일조차 힘들게 느끼는 아이로 만들면 안 되겠지요.

역설적으로 이 시대는 아이를 힘들지 않게 하는 것이 부모의 역할이 아니라 아이를 힘들게 하는 것이 부모의 역할입니다. 자기 할 일을 하도록 하는 건 당연하고, 거기에 더해서 힘들게 몸을 쓰는 일을 일부러 시켜야 합니다.

캠핑이나 여행을 가서도 부모가 다 해줄 게 아니라 역할 분담해서 아이에게 할 일을 줘야 합니다. 자녀를 공부시키는 능력 대신에 청소 시키고, 설거지 시키고, 심부름 시키는 능력이 필요합니다. 이 능력이 이 시대에 필요한 진짜 '부모력'입니다.

이타적인 아이들이
리더가 됩니다

　　　　　　몸을 써야 하는 두 가지 이유가 있습니다. 첫째, 몸이 힘들면 정신이 강해집니다. 몸을 많이 써야 마음이 성장합니다. 운동선수들은 정신력을 강하게 하기 위해 극기(克己)훈련이라는 걸 합니다. 몸이 극도로 힘들 때 포기하지 않고 이겨내는 마음을 키우는 것입니다.

　힘든 걸 견디면 몸과 마음의 맷집이 단단해집니다. 생존력이 강해집니다. 자녀의 몸이 힘들지 않게 하는 것은 자녀를 살리는 게 아니라 자녀의 생존력을 약하게 하는 것입니다.

　둘째, 몸을 써야 리더가 될 수 있습니다. 자신이 해야 할 일을 하는데도 귀찮게 느끼는 아이는 다른 사람을 위해 내 몸을 쓰지 않습니다. 당연히 이기적인 아이가 될 수 있습니다. 리더는 이타적인 사람입니다. 나보다는 집단을 우선으로 합니다. 이해타산을 따지지 않고 남을 위해 몸과 마음을 쓰는 사람입니다.

남을 위해 몸을 쓰려면 먼저 마음을 내야 합니다. 그 마음이 바로 리더의 마음입니다. 남에게 내 몸을 써야 덕이 쌓이고, 사람이 들어오고, 운이 들어오고, 세상의 리더가 될 수 있습니다.

손을 덜 대야겠다는
마음을 가져야 합니다

　　　　　　　　10년 전만 해도 '헬리콥터 맘'이라는 용어가 유행이었습니다. 하늘을 맴돌 듯이 자녀 주위를 맴돌면서 아이가 해야 될 일을 미리 알아서 다 해주는 엄마입니다. 헬리콥터 엄마는 높은 곳에서 보고 있어서 다 압니다. 뭐가 좋고 나쁜지 어떻게 해야 쉽고 효율적인지요.

　'매니저 맘'도 있습니다. 자녀의 로드맵을 만들고 스케줄 관리, 시간 관리를 다 해주고 가는 곳마다 가이드를 해줍니다. '컬링 맘'도 있습니다. 미리 불편한 요소를 제거하고 문제 될 것을 미리미리 처리해 주고 정답의 길로 안내합니다.

　요새는 '매니저 맘'이니 '헬리콥터 맘'이니 하는 용어가 사라졌습니다. 그런 엄마가 없어서 그럴까요? 아닙니다. 역설적으로 거의 모든 엄마가 관리형 엄마 역할을 하기 때문에 굳이 그런 용어를 쓸 필요가 없어진 거죠.

오히려 그런 역할을 안 하는 엄마가 문제 엄마가 되었습니다. 최소한만 돌봐주고 아이 스스로 하도록 '네 인생은 네가 알아서 살아라' 하는 마음을 갖고 있는 엄마는 방임 엄마가 되었고 엄마 노릇 못하는 엄마가 되었습니다.

엄마들 중에 '나는 헬리콥터 맘이 될 거야' 하고 결심하는 엄마는 없습니다. 자기도 모르게 그렇게 됩니다. 자녀가 학교에 들어가면 수행해야 할 일이 많아지고 '공부'라는 부담감이 커지니 엄마가 돌봐줄 일이 더 많아집니다. 자녀가 더 잘 되게 도와주는 노력을 열심히 하다 보니 어느 틈에 헬리콥터 맘이 됩니다.

헬리콥터 맘이 왜 문제가 될까요? 아이의 자발성이 약해지기 때문입니다. 부모님은 자녀가 지금 무엇을 해야 앞으로 잘 될지 알고 있습니다. 그 길을 자녀가 따르도록 합니다. 부모님이 정해 준 길이 좋은 길일지라도 그 길은 부모의 길일 뿐, 아이들이 원한 길이 아닐 수 있습니다. 하기 싫은 일을 시키는 대로 따라 하니 당연히 자발성이 떨어집니다.

초등학교에 입학하는 자녀에게는 손이 많이 가고 이것저것 해줄 게 많아집니다. 학원이나 공부나 시켜야 할 것도 많고요. 저학년 때만 그런 것이 아니라 학년이 올라갈수록 더 관리할 게 많아집니다.

하지만 학년이 올라갈수록 엄마가 손을 덜 대야겠다는 마음을 미리 가져야 합니다. 잘못하면 매니저 맘이 되는 것도 모른 채 관리하게 되고, 나중에는 '내가 아니면 안 된다'는 생각까지 갖게 됩니다. 그리고 이왕 이렇게 되었으니 자녀 인생을 끝까지 책임지는 매니저 맘으로 살게 됩니다.

'도와주지 않는 능력'이
필요합니다

초등학교에 입학하고 나면 자녀에게 손이 더 많이 갑니다. 하지만 기본적인 일은 스스로 할 수 있도록 훈련시켜야 합니다. 준비물이나 숙제 챙기기, 가방 챙기기, 옷 입기 등 자기 일을 스스로 할 수 있도록 해야 합니다.

준비물을 가져가지 않아 학교에서 급히 SOS를 치는 아이에게 '오늘은 학교로 물건을 가져가주기 어렵다. 네가 알아서 해봐라'고 말할 수 있어야 합니다. 자기가 할 일을 못한 것에 대해 따끔하게 주의를 줘야 합니다. 자기가 한 행동으로 낭패를 보고 정신을 차릴 기회를 줘야 합니다.

과거에는 가족 구성원이 위에서 아래로 피라미드 형태였

지만 지금은 역(逆)피라미드형입니다. 일가친척 중에 아이가 딱 하나인 집도 많습니다. 온 가족이 아이 하나에 신경씁니다. 그러니 아무리 안 해준다 해도 엄청 해주고 있는 것입니다.

아이의 의견이 제일 중요하고 오냐오냐 다 해주고 모든 결정이 아이를 중심으로 돌아가니 '소(小)황태자'라는 이야기도 합니다. 부모님이 아이를 최고로 대접하니 학교에서도 선생님이 내 아이를 최고로 대우해 주기를 바랍니다.

어떤 부모님은 자기 아이에게 왜 칭찬을 잘 안 해주느냐, 왜 신경을 덜 써주느냐고 선생님에게 섭섭해 하고 항의성 전화도 한답니다.

아이도 자신이 제일인 줄 압니다. 자녀의 자존감이 높은 것은 좋지만 세상이 나를 중심으로 돌아간다는 자만감은 문제가 됩니다. 학교에서 최고로 대접받지 못하는 게 당연한 일인데도 아이는 이것을 받아들이지 못합니다. 집에서처럼 대접받지 못하니 짜증내고 억울해 하거나 의기소침합니다.

자신이 평범한 아이라는 경험에 익숙하지 않습니다. 그런 아이들 중에는 반작용으로 집에서 더 안하무인으로 대장 노릇을 하기도 합니다. 이제 자녀 눈치보고 쩔쩔매고 뒤치다꺼리 해주는 엄마가 되었습니다. 그저 아이 마음 편안하게 해주려고 애쓰는 것이 좋은 자녀교육인지 고민해 봐야 합니다.

이 시대에 부모님에게 필요한 능력은 '도와주는 능력'이 아니라 '도와주지 않는 능력'입니다. 무척 어렵습니다. 내가 도와주면 아이가 편하고 더 성장할 텐데 어찌 안 도울 수 있을까요. 도와주고 싶은 마음이 들 때 뒷짐지는 훈련을 해야 합니다.

부모님이 도와줄수록 자녀가 스스로 할 수 있는 힘은 약해집니다. 자녀가 독립적인 인간으로 성장하는 것을 가로막는 것입니다.

● 세 번째 편지

학교에서 훈육이 중요합니다

자녀가 초등학생이 되면 훈육은 더욱 중요합니다. 초등학교 이전에는 사회성도 미숙하고 자기 성찰능력도 없기 때문에 제대로 된 훈육을 할 수 없습니다.

집에서 부모님이 하는 훈육은 대부분 '자신에게 해가 되는 행동'을 못하게 하는 것입니다. 학교에서의 훈육은 주로 '남에게 해가 되는 행동'을 교육합니다. 선생님, 친구들과의 관계 속에서 해야 할 것과 하지 말아야 할 것을 배웁니다. 가정에서는 아이의 공동체 생활을 볼 수가 없으니 사회적 훈육을 하기는 어렵습니다. 사회적 훈육은 학교에서 할 수 있습니다. 초등학생이 되어야 건강한 사회적 훈육이 가능합니다.

세 번째 편지에서는 학교에서 훈육에 관해서 말씀드리려 합니다.

훈육은 건강한 초자아를
만드는 일입니다

　　　　　　훈육은 단순히 '해라', '하지 마라' 하고 야단치는 게 아닙니다. 훈육은 정신분석학적으로 중요한 의미가 있습니다. 훈육은 건강한 초자아를 만드는 일입니다. 정신분석학의 창시자인 프로이드는 인간의 정신을 분석하면서 '초자아(superego)'와 '이드(id)'라는 개념을 만들고 중요하게 다루었습니다.

　초자아(superego)는 '착함과 올바름'을 추구하는 정신 기능입니다. '욕망을 통제하라!' '이웃에게 해를 끼치지 마라!' '좋은 사람이 되라!'가 초자아의 역할입니다.

　초자아는 두 가지 속성을 갖고 있습니다. 하나는 '도덕과 윤리'이고, 또 하나는 '자아 이상(ego ideal)'입니다. 도덕과 윤리는 악을 멀리하고 선을 추구하는 기능입니다. 자아 이상은 '이상적인 나'를 의미합니다. 초자아는 '나는 이런 정도의 사람이 되어야 한다' 하는 이상적인 자기를 추구합니다.

초자아는 마음속의 재판관이라고 할 수 있습니다. 착한 행동, 나쁜 행동을 구분하고 잘못한 행동에는 스스로 벌도 내립니다. 초자아가 잘 형성되어야 선하고 성숙한 사람이 됩니다. 초자아가 형성되지 않으면 남에게 피해를 주는 사람이 됩니다.

초자아의 반대 되는 정신 기능으로 이드(id)가 있습니다. 이드는 동물적 본능, 욕망을 의미합니다. 먹고 자고 마시고 이기적인 욕망을 추구합니다. 모든 인간이 갖고 있는 자기중심적인 원시적 성향입니다.

그렇다고 이드가 나쁜 것이 아닙니다. 이드는 생존을 위한 원초적인 힘이자 세상을 재미있게 사는 원동력입니다. 이 힘이 있어야 욕망하고 즐기고 싸우면서 세상 속에서 살아갑니다. 하지만 이드의 욕망이 통제가 안 되어 자신과 타인에게 해를 줄 때 문제가 됩니다. 초자아가 있어야 이드를 통제할 수 있습니다.

하고 싶은 대로 해버리는 성질이 '이드'고, '참아야 돼, 참아야 돼' 하는 성질이 '초자아'입니다.

어린 아이들은 한마디로 이드 덩어리입니다. 아무 생각 없이 자기가 하고 싶은 걸 합니다. 초콜릿이 먹고 싶으면 울고불고 졸라대고, 친구 물건이 마음에 들면 그냥 집에 가져옵니다. 이런 이드 덩어리 아이들에게 초자아를 심어주는 게 '훈육'입니다. 초콜릿이 먹고 싶어도 '많이 먹으면 몸에 안 좋은 거야' 하고 참을 수 있고, 친구 장난감이 갖고 싶어도 '말도 없이 가져가면 나쁜 짓이야' 하고 참을 수 있어야 합니다.

초등학교 저학년 아이들은 초자아가 제대로 발달되지 않은 상태입니다. 초자아가 형성되려면 어느 정도 뇌가 발달돼야 하는데 그 시기를 10살 정도로 봅니다. 그래서 특히 저학년 때 훈육이 정말 중요합니다. 이 시기에 제대로 된 훈육을 안 할 경우 초자아 형성에 문제가 됩니다.

사회적 훈육은
학교에서 할 수 있습니다

　　　　　가정에서의 훈육과 학교에서의 훈육은 질적으로 큰 차이가 있습니다. 집에서의 훈육은 유아 수준의 훈육이고, 사적인 훈육입니다. 반면 학교에서의 훈육은 학생 수준의 훈육이고 공적인 훈육입니다.

　건강한 초자아의 기본은 '나와 남에게 해가 되는 행동을 하지 않는 것'입니다. 그것은 훈육의 핵심이기도 합니다. 집에서 부모님이 하는 훈육은 대부분 '자신에게 해가 되는 행동'을 못하게 하는 것입니다. 안 씻는 것, 더러운 것, 정리 안 하는 것 등입니다. 가장 기초적인 '유아적인 훈육'이고, 타인과 별 관계가 없는 '개인적인 훈육'입니다.

반면 학교에서의 훈육은 주로 '남에게 해가 되는 행동'을 교육합니다. 선생님, 친구들과의 관계 속에서 해야 할 것과 하지 말아야 할 것을 배웁니다.

가정에서는 아이의 공동체 생활을 볼 수가 없으니 사회적 훈육을 하기는 어렵습니다. 사회적 훈육은 학교에서 할 수 있습니다.

사실 부모님은 아이를 잘 모릅니다. 부모는 아이의 반쪽만 보고 있는 겁니다. 집에서의 아이만 볼 뿐 사회적인 아이의 또 다른 모습은 못 봅니다. 친구들하고 어떻게 지내는지, 선생님에게 어떻게 대하는지, 공동체 생활에서의 태도나 독특한 행동은 알 수 없습니다.

집에서는 조용히 지내는데 학교에서는 무척 까부는 아이가 있고, 반대로 집에서는 장난꾸러기인데 학교에서는 무척 얌전한 아이도 있습니다.

아이의 또 다른 반쪽을 잘 아는 분이 선생님입니다. 선생님은 공적인 훈육을 합니다. 학생의 자기 관리에 대한 교육은 물론이고 특히 공동체 생활에서의 문제 행동을 훈육합니다.

학교에서 하는 훈육을 '생활지도'라고 합니다. 생활지도, 즉 훈육은 바로 인성 교육입니다. 그런데 학교에서는 인성 교육은 강조하면서 훈육은 할 수 없는 모순된 상황이 되었습니다.

지금 학교에서 훈육 기능이 제 역할을 못하고 있습니다. 선생님이 야단도 못치고 벌도 주지 못합니다. 이런 현실은 인성 교육에도 문제가 되지만 특히 아이들의 정신건강 측면에서도 손해입니다.

정신과 의사가 볼 때, 학교에서 훈육 기능이 약해지면 아이들의 건강한 초자아 형성에 문제가 되기 때문입니다.

마음의 상처는
성장을 위해 필요한 경험입니다

훈육을 제대로 할 수 없는 여러 원인이 있겠지만 저는 두 가지 요인을 우선 생각해 봤습니다. 하나는 자녀 교육에 '심리학'이 잘못 들어와 있다는 것이고, 또 하나는 '인권'과 관련된 모호한 해석 때문입니다.

우선 심리학에 대해 이야기하겠습니다. 자녀 교육에 심리학이 너무 깊이 들어와서, 부모의 행동 하나하나를 심리학적으로 해석합니다. 부모의 어떤 행동이 아이의 정신 상태에 상처를 준다며 겁을 줍니다. 부모가 화를 내면 아이가 정신적으로 큰 트라우마를 받을 듯이 난리입니다. 그러니 부모가 화도 제대로 못 냅니다. 화 한번 내고 나면 아이가 상처받을까 죄책감을 갖습니다.

아이의 마음이 조금이라도 불편해지면 '마음의 상처'를 받았다고 하고 '트라우마'가 된다고 하고 '정신적으로 문제'가 된다고 경고합니다. 살면서 당연히 겪어야 할 경험에 '트라우마'나 '심리적 상처'라는 무서운 프레임을 씌웁니다. 마치 놀다가 넘어져 무릎이 까졌는데 평생 다리를 절지 모른다고 겁주는 것과 같습니다.

지금 자녀교육서들을 보면 마치 부모는 항상 15도의 봄바람 부는 날씨 같아야 한다는 주장입니다. 그렇지 않으면 아이의 정서가 심각하게 병이 든다고 겁을 줍니다. 그건 말이 안 됩니다.

부모는 사계절입니다. 그게 자연스러운 것입니다. 봄바람도 있지만 한여름의 폭풍도 치고 겨울의 찬바람도 불 수 있습니다. 그 사계절 속에서 꽃은 싱싱하게 피어나는 겁니다. 봄바람만 불면 꽃이 필 수 있나요? 아이들도 마찬가지입니다. 부모라는 세상을 겪으면서 앞으로 닥칠 험난한 세상을 안전하게 경험하는 것입니다.

역설적으로 부모의 화를 받아 본 아이들이 그 경험을 통해 자신을 돌아보고 세상을 알아가고 심리적 내공도 생기면서 더 성숙해집니다.

부모님이 자기가 화를 내면 아이에게 문제가 생긴다고 불안해 하는 상황이니, 선생님이 야단치면 마음의 상처를 더 크게 받을 것처럼 생각합니다. 그러니 아이의 마음이 조금이라도 상처를 받았다 싶으면 정서적 학대로 연결시킵니다.

부모님들의 잠재의식 속에 혹 '야단맞았다=상처입었다=정서적 학대'라는 공식이 알게 모르게 자리잡고 있는 건 아닌지 우려가 됩니다.

부모님은 내 아이가 야단맞을 일을 했더라도 선생님이 차분하고 이해하는 마음으로 훈육하기를 원하시겠지요. 네, 물론 선생님도 야단치기 전에 조곤조곤 말로 하고 이성적으로 이야기합니다. 여러 번 이해시키고 지시해도 안 되니 야단을 치는 겁니다.

선생님도 AI로봇이 아니기에 때로 과잉된 감정으로 소리치고 심하게 야단을 칠 때도 있겠지요. 혼내고 야단치는 상황에 대해 감정표현의 수위가 적절했는지, 꼭 그럴 필요가 있는지를 문제삼는다면 교실에서 훈육은 불가능할 수밖에 없습니다.

아이들은 선생님께 야단맞는 것이 낯선 경험입니다. 부모

외에 다른 사람에게 야단맞은 적이 없으니까요. 낯선 경험이니 충격이 될 수도 있겠지요. 하지만 그것이 사회적인 훈육의 시작입니다.

학교에서의 훈육 속에서 아이들은 여러 감정 경험을 합니다. 때로 왜 야단맞는지 이해할 수 없고, 때로 억울할 수도 있습니다. 하지만 그런 경험을 통해 세상을 알아가고 자가 치유 능력도 커지고 맷집도 생기고 내공도 쌓입니다. 처음 뛰다가 넘어졌을 때는 주저앉아 울지만 그 후로는 툴툴 털고 일어납니다.

몸은 상처를 통해 균에 노출될수록 면역력이 강해집니다. 마음의 상처도 그러합니다. 마음의 상처는 트라우마가 아니라 세상을 잘 살기 위해 꼭 필요한 경험입니다.

학교에서 생활지도는
꼭 필요한 교육입니다

학교에서 훈육이 사라진 또 하나의 이유는 인권의 문제입니다. 인권이 부재했던 과거 시대에 학교 현장에서 학생들의 인권은 없었습니다. 시대가 바뀌었고 교육 현장도 과거의 구습에서 벗어나려는 노력으로 학생 인권이 강조되었습니다.

당연히 학생의 인권은 소중합니다. 학생 인권 자체가 문제가 되는 것이 아닙니다. 문제는 교육 현장에서 인권 침해에 대한 기준이 너무 모호해졌다는 것입니다. 귀에 걸면 귀걸이, 코에 걸면 코걸이 식으로 보는 시각에 따라 선생님의 생활지도에 대해 '인권 침해' 논란이 되고 있습니다.

훈육과 학대의 경계가 모호해졌습니다. 훈육의 경계는 점점 좁아지고 학대의 경계는 점점 넓어졌습니다. 말로 설명하고 주의를 줘도 안되는 학생에게 큰소리로 야단쳤다고 정서적 학대로 항의를 받습니다. 수업을 방해하는 학생을 교실 뒤에 잠깐 서 있게 해도 학습권 침해가 될 수 있고 아동 학대가 됩니다.

잠자는 것도 휴식권이라고 깨우면 안 된다는 주장도 있습니다. 다른 아이를 칭찬했더니 내 아이 차별 받았다고 차별받지 않을 권리를 주장합니다. 훈육과 인권이 충돌합니다.

선생님의 훈육이 심하다고 학부모가 이의를 제기한 경우, 학생은 '피해자'의 입장이 되고 선생님은 '잠재적 가해자'가 됩니다. 그 상황이 적절했는지를 아주 세세하게 따지고 들면 복잡해지고, 결국 작은 빌미만 있어도 선생님의 잘못이 될 가능성이 있습니다. 이런 상황에서 선생님이 적극적인 훈육을 하기는 어렵습니다.

인권 보호는 상황에 따라 복잡한 문제가 됩니다. 한쪽 인권을 보호하느라 다른 인권이 침해를 받습니다. 수업을 방해하는 학생을 교실 밖으로 나가게 하는 것이 학습권 침해가 될 수 있습니다만 다른 학생은 그 아이 한 명 때문에 제대로 된

수업을 받을 권리를 잃게 됩니다. 내 아이에게 정신적 상처를 줬다고 담임 교체를 원하면 다른 학생들은 선생님을 잃게 되고, 그 학년을 혼란스럽게 보내며 더 큰 피해를 받습니다.

교권도 그렇습니다. 선생님으로서 꼭 해야 할 생활지도가 애매모호한 '정서적 학대'라는 오해를 받으니 생활지도할 권리를 잃게 됩니다. 학생이 선생님을 무시하니 교사가 권위를 갖고 학생을 가르칠 수업권이 약해졌습니다.

학교에서의 생활지도를 '정서적 상처'나 '인권'의 시각으로 봐서는 안됩니다. 학교라는 장소는 특수한 '교육 공간'이기 때문입니다.

태권도 수련을 예로 들어보겠습니다. 관장님이 제자들의 정신 수련을 위해 크게 혼을 냈는데 아이가 울었다고 정서적 학대라고 할 수는 없습니다. 관장님이 겨루기 훈련을 위해 제자에게 발차기를 조금 강하게 했다고 아동 학대라고 할 수 없습니다. 그런 것을 문제삼는다면 태권도 교육은 할 수가 없으니까요.

만약 관장님이 기분 나쁘다고 제자를 심하게 발로 때린다면 그것은 상식적인 수준에서 알 수 있는 폭력입니다. 그런 아주 예외적인 상황이 아니라면 태권도 수련 공간에서 일어나는 행위는 '교육'의 틀에서 보는 것이 당연합니다. 마찬가지로 학교에서 생활지도, 즉 훈육도 꼭 필요한 교육의 하나로 인정해 주셔야 합니다.

행동요법은
적극적인 훈육입니다

훈육은 크게 두 가지 방법이 있습니다. 하나는 인지요법이고 또 하나는 행동요법입니다. 인지요법은 잘못된 행동을 이성적, 논리적으로 설명해서 변하게 하는 것입니다. 말로 주의를 주거나 반성문을 쓰게 하는 방법이지요. 인지요법으로 효과가 없을 때 필요한 방법이 행동요법입니다. 신체에 직접적인 제재를 하는 적극적인 훈육입니다.

행동요법 중에 '타임아웃' 방법이 있습니다. 아이가 잘못된 행동을 했을 때 방이나 의자 등의 정해진 장소에 일정 시간 동안 있게 하는 훈육입니다. 떠드는 아이를 교실 뒤에 서 있게 하는 것이 타임아웃 방법의 하나입니다. 이런 꼭 필요한 훈육도 학교에서 못하고 있는 실정입니다.

이 시대는 특히 '몸'에 민감합니다. 신체 접촉뿐 아니라 몸을 제한하는 것도 인권 침해나 아동 학대로 몰릴 수 있습니다.

하지만 학교에서 행동요법의 훈육은 꼭 필요합니다. 몸과 관련된 훈육을 해야 하는 이유가 있습니다. 기가 센 아이들 때문입니다. 순한 아이들이야 선생님이 말 몇 마디 하면 알아서 잘 따릅니다.

하지만 몸 에너지가 강한 아이들은 말로 잘 안됩니다. 아이가 옆 친구를 건드리려고 할 때는 몸이 먼저 시작합니다. '저 애한테 장난을 쳐야지, 장난을 쳐도 될까?' 이렇게 생각하고 행동하는 게 아니라 생각 이전에 행동이 앞섭니다. 몸이 먼저 움직여서 친구에게 어떤 행동을 하려는데 '아! 이러면 반성문 쓰지!' 하고 생각할 수 없습니다. 그런 인지적 성찰 능력이 없습니다. 이런 기센 아이들에게는 말로 하거나 점수를 깎거나 하는 벌들은 소위 타격감을 거의 주지 않습니다.

그런데 만약 손들고 서 있는 벌을 받았다면 어떨까요? 몸이 먼저 나가려다가 손들고 팔 아팠던 몸의 기억이 동시에 떠오르게 되면서 멈칫하는 겁니다. 몸뿐 아니라 마음도 그렇습니다. 마음이 불편해야 정신이 번쩍 드는 겁니다. '내가 뒤에서 있으면 나만 떨어져 나온다'는 불안도 동시에 느껴집니다. 그러면 몸이 움직이려는 순간, 몸과 마음의 불편함이 동시에 떠올라 스스로 몸을 제어하는 겁니다.

행동요법이 필요한 또 한 가지 이유가 있습니다. 말로만 하는 인지요법이 효과가 있으려면 전제조건으로 아이의 뇌가 꽤 발달되어 있어야 합니다. 선생님의 말을 마음에 새기고 자기 행동을 성찰할 수 있는 능력이 있어야 하고, 또 잘잘못을 판단할 수 있는 초자아 능력이 갖춰져야 합니다. 1~2학년 아이들 중에 아직 이런 뇌의 발달이 안 된 아이들이 상당히 많습니다.

엄한 훈육은
'성장의 경험'입니다

학교에서의 훈육은 집에서보다 엄해야 합니다. 엄한 훈육은 한마디로 '벌'이라고 할 수 있습니다. 인지요법과 행동요법의 중간단계가 혼내고 야단치는 것입니다. 선생님이 혼내고 야단치는 것도 벌을 주는 엄한 훈육의 하나입니다. 말을 안 듣던 아이들도 선생님이 화를 내면 무서워합니다. '내가 이런 행동을 하면 혼나는구나' 하는 두려움이 있어야 합니다. 잘못된 행동을 할 때 생기는 두려움은 부정적인 감정이 아닙니다. 그것은 건강한 두려움입니다. 두려움은 자신의 행동을 스스로 감시하고 조절하는 '마음속의 경찰'이라고 할 수 있습니다.

자신의 잘못된 행동에 대해 두려움이나 죄책감이 없다면 소시오패스 같은 사람이 되는 것입니다. 두려움이 없는 아이들이 고학년이 되면 부모 말도 우습게 알고, 선생님도 무시하고, 심지어 자신의 행동으로 경찰이 출동했는데도 눈도 깜짝 안합니다.

남에게 해를 주면 나도 해를 입을 수 있다는 두려움이 있어야 하고 잘못된 행동을 하면 죄책감이 따라야 합니다. 두려움과 죄책감은 초자아의 가장 기본적인 요소입니다. 잘못된 행동으로 야단맞아서 마음이 괴롭거나 아픈 것은 꼭 필요한 경험입니다. 그래야 잘못된 행동을 스스로 안하게 됩니다.

야단맞고 혼나는 불편한 감정은, 있으면 안되는 특별한 '심리적 상처'가 아니라 건강하게 받아내야 할 '성장의 경험'인 것입니다.

그리고 학교에서의 훈육으로 상처를 받는다고 걱정한다면 아이를 너무 약하게 보고 과잉 걱정하는 겁니다. 아이들은 그렇게 약하지 않습니다. 아이들은 그런 경험을 통해 상황 판단 능력도 생기고 견디는 힘도 커지고 자가 치유 능력도 생깁니다.

성장하는 아이들은
다양한 모습을 보입니다

입학 전까지 별 문제가 없던 아이가 있었습니다. 그 아이가 교실에서 자기 마음에 안 들면 소리지르고 때리려는 행동을 반복합니다. 선생님이 아이에게 반복해서 설명하고 주의를 줘도 소용이 없습니다.

선생님은 어쩔 수 없이 학부모에게 알리고 협조를 구했습니다. 부모님은 이해가 안됩니다. 자기 아이가 못된 애도 아니고 성질이 강해서 남한테 해를 끼치는 아이도 아니니까요. 여태 그런 일이 없었는데 친구들에게 소리치고 때린다고 하니 믿을 수 없지요.

많은 부모님이 이런 낯선 경험을 할 수 있습니다. 중요한 것은 이런 일이 내 아이에게 언제든지 일어날 수 있다는 것입니다. 아이들은 성장과정에 있기 때문에 어느 시점에 어떤 행동이 나타날지 예상할 수 없습니다.

아이들은 자라면서 변하기 때문에 때로는 부모가 모르는 모습이 나올 수 있습니다. 인간 본능에 '공격성'이라는 것이 있습니다. 공격성이라고 나쁜 것이 아닙니다. 살아가는 데 중요한 힘으로 한마디로 '파워'라고 할 수 있습니다.

아이들이 성장하면서 공격성이 강하게 나타나는 시기가 있습니다. 마치 쥐가 이빨을 가는 시기가 있듯이 공격성의 발현은 성장의 과정이라고 할 수 있습니다.

'미운 일곱 살' '사춘기'는 다양한 형태의 공격성이 발현되는 모습입니다. 아이들의 공격성은 다양한 모습으로 나타나는데 직접적인 다툼이나 싸움뿐 아니라 반항이나 고집, 돌출행동으로 표현됩니다.

아이들마다 공격성이 나타나는 시기도 강도도 횟수도 다릅니다. 공격성이 지속되면 문제지만 대개 한때가 지나면 대부분 가라앉습니다. 이런 작은 공격성이 초등학교 1~2학년 때 나타나는 경우도 많습니다. 공격성을 보이는 아이들은 자기 통제가 잘 안됩니다. 이럴 때 아이들의 공격성에 비례해서 선생님의 적절한 훈육이 필요합니다. 그래야 행동 통제를 할 수 있습니다.

공격성이 나타나는 저학년 때 제대로 훈육이 이루어져야 건강한 초자아가 형성됩니다. 저학년 때 훈육이 안된 경우, 고학년에서 훈육은 매우 어렵습니다. 우선 훈육 경험이 없기 때문에 고학년 때 훈육을 받으면 무시하거나 반항합니다. 또한 '이런 행동을 해도 크게 문제가 안 되는구나' '선생님도 나를 어떻게 할 수 없구나' 하는 마음이 자리잡고 있어서 두려움이나 죄책감도 없습니다.

학교 훈육 약화는
우리 모두에게 손해입니다

            학교에서 훈육이 사라지면서 여러 문제가 발생했습니다. 그 중 크게 네 가지 문제점이 있습니다.

  첫째는 학교에서 해야 할 훈육이 가정으로 넘겨지게 되었습니다. 선생님이 훈육을 할 수 없으니 자녀의 문제행동에 대해 집에서 잘 훈육해 달라고 부탁드리게 됩니다.

  그런데 문제는 훈육 현장이 다르다는 겁니다. 집에서는 아이의 문제행동을 볼 수 없으니 실시간 훈육이 안됩니다. 그저 아이에게 학교에서 그런 행동을 하지 않도록 잔소리를 하는 게 전부입니다.

  사실 학교에서 해야 할 사회적 훈육을 집에서 하기는 어렵습니다. 그래도 어쩔 수 없죠. 아이의 문제행동에 대해 선생님이 부모님과 협조해서 훈육을 할 수밖에 없으니까요. 하지만 효과적이고 중요한 학교 현장에서의 훈육은 거의 못하고 부모님께 훈육을 부탁하게 되니, 부모님도 힘들고 훈육효과도 떨어집니다.

둘째는 많은 아이들이 진료실이나 상담실로 밀려나고 있습니다. 문제행동이 반복되면 아이는 교실에서의 훈육 대신 상담실로 보내집니다. 거기서도 해결이 안 되면 소아정신과로 보내집니다. 물론 상담이 필요한 아이들도 있지만 훈육을 제대로 할 경우 해결될 수 있는 아이들까지 상담실과 진료실로 빠지게 됩니다.

셋째는 통제되지 않는 문제행동으로 학교를 떠나는 학생이 많아졌습니다. 저학년 때 훈육 경험이 없는 아이들이 고학년이 되었을 때, 훈육은 거의 불가능합니다. 문제행동을 제지하면 이 아이들은 오히려 반항하고 욕하고 대듭니다. 이런 아이들이 빠르면 고학년, 보통 중학교 때부터 심각한 문제행동으로 인해 학교를 떠나게 되는 경우가 많습니다. 이 중에 많은 학생이 저학년 때 훈육을 제대로 하였다면 건강한 초자아가 형성되어 큰 문제 없이 학교생활을 했을 아이들입니다.

넷째는 교권 추락과 교실 붕괴입니다. 멋대로 행동하는 아이들을 조절할 방법이 없으니 이 아이들이 안하무인으로 행동합니다. 문제행동을 해도 선생님이 자기에게 손 댈 수 없다는 걸 알고 있습니다. 선생님이 통제하면 따지고, 반항하고, 무시합니다. 이런 상황이 심각해지면 수업 분위기가 완전히 깨지고 결국 교실 붕괴로 이어집니다.

치료 이전에
훈육이 먼저입니다

최근 10년 사이에 ADHD(attention deficit hyperactivity disorder 주의력결핍 및 과잉행동장애)가 급격히 증가했습니다. 소아정신과에서 치료를 받는 아이들의 50% 이상이 ADHD입니다.

저는 그 배경에 교육환경의 문제도 있다고 생각합니다. 초등학교 저학년 아이들 중에 에너지가 넘치는 아이들이 있습니다. 당연히 산만하게 보이고 다른 애들 귀찮게 하고 수업에 방해가 됩니다. 선생님이 주의를 주고 반성문을 쓰게 해도 아이들은 금방 잊어버립니다. 엄한 훈육을 할 수 없는 현실에서 아이들은 진료실로 밀려나게 됩니다.

ADHD는 사실 객관적인 검사가 없어서 진단 경계선이 명확하지 않습니다. 그러다 보니 약물 치료의 기준이 학교에서 문제를 일으키는지 여부로 결정되는 경우가 대부분입니다.

에너지 넘치는 아이가 초등학교 1학년 때부터 정신과 약을 먹습니다. 부모님의 심정은 어떨까요? 안타까운 일입니다. 학교에서 적극적인 훈육이 가능하다면 ADHD로 약을 먹어야 하는 아이들이 훨씬 적을 거라는 게 제 생각입니다.

이런 상황을 생각해봤습니다. 미술 수업시간에 아이가 교실을 돌아다니고 친구를 방해합니다. 선생님이 주의를 줘도 소용이 없습니다. 선생님이 "○○이~ 교실 뒤로 가서 서 있어!" 하고 야단칩니다. 아이가 교실 뒤로 가서 서 있다가 가만있지 못하고 또 친구를 방해합니다. 선생님이 "○○! 뒤에서 손들고 서 있어!" 하고 벌을 줍니다. 이렇게 훈육을 했습니다.

다음번에 아이가 또 어수선한 행동을 할 때 선생님이 "○○이 계속 그러면 교실 뒤에 서 있는다~" 하고 주의를 주면 아이는 금방 자기 행동을 조절하려고 할 것입니다. 아이는 자기 행동을 조절 못하면 교실 뒤에 서 있고, 잘못하면 손들고 서 있어야 한다는 걸 알기 때문입니다. 이것은 머리로 아는 게 아니라 몸으로 아는 것입니다.

어찌 보면 이런 행동요법의 훈육은 일상적인 훈육의 하나일 뿐입니다. 선생님의 이런 훈육을 정서적 학대나 인권문제로 봐야 할까요? 적극적인 훈육을 못해서 아이에게 ADHD 약물 복용을 하게 한다면 그것이야말로 '정서적 트라우마'고 심각한 '아동 학대'일 수 있습니다.

적극적인 훈육을 먼저 해보고 그래도 안 될 경우에 ADHD 등의 심리적인 문제를 고려했으면 좋겠습니다.

그래서 제 희망사항입니다. 만약 내 아이가 ADHD가 의심된다고 하면 우선 선생님과 상의해서 아이의 행동을 제지할 수 있는 적극적인 훈육을 먼저 시도해 보면 좋겠습니다. 뒤에 서 있어도 되고, 그것도 안 되면 손들고 서 있어도 괜찮다고 해 주셨으면 하는 심정입니다. 그래야 선생님도 아이에게 적극적인 관심과 노력을 할 수 있습니다. 약을 먹는 것보다는 엄한 훈육이 훨씬 더 교육적이고 아이를 위한 일이기 때문입니다.

하지만 현실은 그렇지 못합니다. 아이가 문제가 있다고 하면 부모님은 보호본능이 발동해서 짠한 내 아이를 선생님만은 더 사랑으로 보듬고 달래주기를 바랍니다. 선생님도 그러고 싶지만 교실 현장에서는 그 즉시 아이의 행동을 제재해야 합니다. 당연히 야단치고 혼내는 적극적인 훈육이 필요하기에 부모님의 이해와 협조가 절대적으로 필요합니다.

엄한 훈육에 대해 아이에게 미리 충분히 설명을 하면 아이도 이해를 합니다. 오히려 아이가 스스로 자기 행동을 조절하려는 노력을 하게 될 것입니다.

선생님을 믿고
지지해 주셔야 합니다

아이들이 학교에 들어올 때, 충분히 훈육을 받고 오는 것은 아닙니다.

유치원이나 어린이집에서는 아이들이 어리기 때문에 제대로 훈육할 수 없습니다. 잘못하면 훈육이 학대로 오해될 수 있기에 더 어렵습니다. 가정도 마찬가지입니다. 가정마다 훈육의 수준이 다릅니다. 훈육을 엄하게 하는 부모님도 있고 그저 오냐오냐할 뿐, 아예 훈육의 개념이 없는 부모님도 있습니다. 이 아이들이 모여 있는 곳이 학교입니다.

특히 초등학교 1학년 때는 아이들의 성찰 능력, 행동 조절 능력, 초자아 성장이 천차만별입니다. 유아기 수준인 아이도 있고, 아주 성숙한 아이도 있습니다. 남을 배려하는 능력이 있는 아이도 있지만 자기 관리도 잘 못하는 아이도 있습니다. 선생님은 수준이 다양한 아이들을 돌봐야 합니다. 그러니 아이들마다 다루는 방법과 태도가 다를 수밖에 없습니다.

이런 과정을 부모님이 이해해 주셔야 합니다. 특히 훈육 개념이 별로 없는 부모님은 학교에서 선생님이 하는 훈육을 이해하지 못할 수 있습니다. 오냐오냐 하고 좋게만 본 내 아이를 선생님이 문제가 있다고 보는 것이 이상합니다. 그러니 선생님이 내 아이를 이해해 주지 못한다고 섭섭해 하고 내 아이만 문제로 본다고 억울해 합니다.

훈육 경험이 없는 아이도 마찬가지입니다. 자신이 왜 혼나는지 모릅니다. 집에서는 대접받고 마음대로 했는데 선생님이 지적하고 혼내니 억울할 수 있습니다. 그러니 집에 가서 부모님께 하소연합니다. 이런 일이 학교에서 수시로 일어납니다.

선생님이 부모님께 자녀의 문제행동을 알렸을 때, 부모님이 내 아이가 그럴 리가 없다고 인정하지 않는 경우가 있습니다.

오히려 선생님이 자기 아이를 색안경 끼고 보는 게 아닌지 항의하거나, 아이에게 공감을 해주지 않는다고 섭섭해 합니다. 이럴 때 선생님은 난감합니다. 부모님이 불신하니 선생님도 본능적으로 자기 방어를 하게 됩니다. 선생님도 오해를 피하기 위해 큰 문제가 아닌 이상 입을 닫고, 훈육에서 손을 놓을 수밖에 없습니다.

앞서 말했듯, 학교에서의 훈육은 더 엄해야 합니다. 왜냐하면 사회적 훈육이기 때문입니다. 선생님이 편하려는 게 아니라 아이의 미래를 위해서입니다. 학부모님이 초등학교는 유치원과 다르다는 마음을 확실하게 갖고 계셔야 합니다. 학생은 유아가 아닙니다. 학교는 돌봄을 받는 곳이 아니라 자립 능력을 키우는 곳입니다. 규칙과 질서를 알고, 사회적 기술을 배우고 공동체 훈련을 하는 곳입니다. 자기 욕망을 조절하고, 남을 배려하고 존중하는 것을 배우기 시작하는 곳입니다.

초등학교에서 제대로 훈육을 받고, 힘든 감정을 겪고 이겨내는 훈련을 해야 합니다. 혼자 서는 연습을 하고, 스스로 해결하는 경험을 해야 합니다. 실패와 성공, 칭찬과 질책을 모두 경험해야 합니다.

아이들의 과업이 '돌봄'에서 '독립'으로, '보육'에서 '교육'으로, '안전'에서 '경험'으로 업그레이드 되었습니다. 부모님의 자녀를 보는 시선도 함께 변화되어야 할 때입니다. 학교에서 훈육은 꼭 필요한 훈육입니다. 그리고 안전한 훈육입니다. 선생님의 훈육을 믿고 지지해 주셔야 합니다.

옛날에는 부모님과 선생님이 자녀와 제자를 올바로 가르치기 위해 아픈 마음으로 매를 들었습니다. '사랑의 회초리'라고 합니다.

지금은 사랑의 회초리도 아동학대가 될 수 있습니다. 하지만 역설적으로 지금이 그런 사랑의 회초리가 필요한 시대인 것 같습니다.

이제는 선생님이 학생을 위해 애써 훈육하는 것도 애정과 용기가 필요합니다. 선생님이 우리 아이들을 제대로 훈육할 수 있도록 힘을 실어 주셔야 합니다. 우리 아이들을 위해서입니다.

그래서 담임선생님께 이렇게 부탁하는 부모님이 계셨으면 하는 희망사항입니다. "선생님~ 제 아이가 문제행동을 하면 적극적으로 훈육해 주시면 감사하겠습니다."

● 네 번째 편지

학교는
작은 사회입니다

아이들은 저학년 때 사회성을 습득해 나갑니다. 나의 욕구와 친구의 욕구가 부딪히고 나의 기대와 친구의 기대가 어긋납니다. 그 속에서 실망도 하고, 울기도 하고, 화도 나고, 심하면 다투기도 합니다. 부모님은 내 아이가 학교생활에서 상처를 받고 좌절과 실패를 경험할 수 있다는 걸 당연하게 받아들여야 합니다. 우리도 어린 시절 수많은 경험을 하면서 성장했으니까요. 아이는 틀림없이 이러한 경험을 통해 한 뼘 자라게 될 것입니다.

네 번째 편지에서는 학교라는 '안전한 실습장'에서 아이의 상처를 성장으로 승화시키면서 '내 아이'만이 아니라 '우리들의 아이'를 지키는 방법에 대해서 말씀드리려 합니다.

좌절과 실패의 경험이
회복 탄력성을 키웁니다

학교는 작은 사회입니다. 학교에서 아이들은 다양한 경험을 합니다. 아이들은 자기들의 세계에서 경쟁하고 싸우고 승리하고 패배하기도 합니다. 불안도 있고 두려움도 있습니다. 사회에서 온갖 일이 벌어지듯이 학교에서도 많은 일이 일어납니다.

심리학에는 '회복 탄력성'이라는 용어가 있습니다. 시련과 실패를 딛고 다시 일어서는 힘입니다. 회복 탄력성이 높은 아이는 실패하고 좌절해도, 어느 순간에 새로운 인생으로 역전시킬 수 있습니다. 이제는 잘 먹고 잘 사는 능력보다 좌절과 역경을 극복하는 힘이 더 필요한 시대입니다.

회복 탄력성을 키워주기 위해서는 전제 조건이 있습니다. 그건 좌절과 실패의 경험이 먼저 있어야 한다는 겁니다. 힘든 경험을 겪어야 마음의 힘을 내고 극복할 수 있습니다.

그런 경험을 학교에서 해야 합니다. 부모님은 내 아이가 학교생활에서 상처를 받고 좌절과 실패를 경험할 수 있다는 걸 당연하게 받아들여야 합니다. 부모님의 이런 마음의 준비가 자녀의 회복 탄력성을 키우는 첫 번째 작업입니다.

그래도 걱정할 필요는 없습니다. 학교는 안전한 사회입니다. 더 정확하게 말하면 사회의 연습장입니다.

학교에서 아이들의 경험을 복싱으로 비유하자면 단지 스파링 정도일 뿐입니다. 연습 경기에서는 코뼈가 부러지고 KO 될 정도로 싸우지 않습니다.

그런데 문제가 있습니다. 학부모님 중에는 학교를 '안전한 사회'로 생각하지 못하는 분들이 있습니다. 학교를 위험천만한 현실 사회로 보고 부모님이 직접 개입하고 해결하려고 합니다.

또 하나 우려되는 것은 학부모님의 잠재의식 속에 학교나 선생님에 대한 불신이 숨어 있는 게 아닌가 하는 것입니다. 학교폭력, 왕따, 인권침해 등등 학교나 선생님과 관련된 부정적인 뉴스가 많이 나오기 때문인지 모르겠습니다. 아니면 하도 속고 속이는 세상이라 학교까지 못 믿게 된 건지 모르겠습니다.

물론 대부분의 부모님은 학교와 선생님을 믿고 있습니다. 그것이 기본이기 때문이지요. 부모님이 '나는 학교와 선생님을 못 믿어!' 하면서 자녀를 학교에 보내지는 않겠지요. 그런데 의식적으로는 믿지만 무의식 속에는 불신이 숨어 있는 것 같습니다. 그 불신은 학교에서 내 아이에게 무슨 일이 일어났을 때 수면 위로 올라옵니다. 그 순간부터 갑자기 '불신'의 색안경을 쓰고 선생님에게 항의하고 학교와 싸우는 안타까운 일이 벌어집니다.

내 아이가 학교에 입학하는 순간부터 제일 중요한 것은 학교와 선생님에 대한 믿음입니다.

부모님들이 다시 한번 생각해봐야 합니다. '나는 정말 학교와 선생님을 믿고 있나?'

좋은 학부모가 된다는 것은 이 기본적인 질문에 확실한 답을 하는 데서 시작합니다.

선생님을 통해
아이는 새로운 세상을 만납니다

학교생활은 새로운 만남의 장입니다. 아이들은 선생님도 만나고 친구도 만납니다. 고학년이나 중학교 때는 친구가 우선이지만 초등학교 저학년 때는 선생님이 제일 중요합니다. 아이들은 학교에서 선생님을 잠재의식 속에서 대리 부모로 여깁니다. 나를 돌봐주는 사람이니 선생님은 제2의 부모가 됩니다.

저는 선생님의 역할을 크게 세 가지로 생각합니다. 첫째는 지식을 가르치는 역할이고 둘째는 인성을 키워주는 역할, 셋째는 변화와 성장을 돕는 역할입니다. 지식을 가르치는 건 기본적인 역할이니 말할 것도 없습니다. 인성 교육은 친구 관계, 윗사람과의 관계, 세상과의 관계를 건강하고 멋지게 할 수 있도록 이끌어 주는 것이지요.

변화와 성장은 한 학생의 인생에 큰 영향을 주는 중요한 역할입니다. 이 역할이 제일 중요하니 조금 더 설명을 하겠습니다.

예를 들어 이런 역할입니다. 꼼꼼하고 성실하지만 내성적인 학생을 선생님이 눈여겨 보았다가 학급의 책임 있는 역할을 맡겨서 리더의 경험을 줍니다. 또 손재주가 좋은 소심한 학생에게 새로운 종이접기를 반 아이들에게 가르치게 해서 반의 중심에 서게 이끌어 줍니다.

좀 더 극적인 스토리도 있습니다. 학교에서 사고만 치던 학생을 감싸안고 격려해서, 노래를 잘 하는 그 제자를 유명한 성악가가 되게 도와준 선생님의 이야기입니다. 모두 변화와 성장을 이끈 선생님의 노력입니다.

여기서 부모 색안경 이야기를 다시 해야겠습니다. 부모님이 귀여운 색안경을 끼고 보면 아이는 귀여운 냄새를 풍기고, 모자란 색안경을 끼고 보면 모자란 냄새를 냅니다. 아이는 교실에서도 부모가 준 냄새를 풍깁니다. 선생님은 직감적으로 느낍니다. '애는 이런 성향의 아이구나' 하고요. 하지만 선생님은 부모님과 같은 색안경을 끼지 않습니다. 부모가 내 아이를 '쟤는 왜 저래' 하고 부정적인 색안경을 끼고 봤더라도 선생님은 '저 아이는 저런 매력이 있네, 저런 능력이 있네' 하면서 새로운 색안경을 끼고 새롭게 만납니다.

부모는 아이의 단점에 붙잡혀 있지만 선생님은 아이의 장점을 보려고 합니다. 선생님을 통해 아이는 다른 세상을 만납니다. 이것을 심리학에서는 '교정적 감정 경험'이라고 합니다.

교정적 감정 경험은 새로운 만남을 통해 자신과 세상에 대한 부정적인 느낌이 긍정적인 느낌으로 바뀌는 겁니다. 선생님은 아이들 속에서 숨은 능력, 재능, 가치를 발견하려고 합니다. 선생님을 통해서 기존의 내가 변화되고 성장하는 계기가 되는 거죠. 이것이 가장 중요한 선생님과 제자의 만남입니다.

학교를 졸업하고 기억에 남는 좋은 선생님은 이런 변화와 성장을 주신 분입니다. 잘못된 나를 바로잡아 주신 선생님, 별 볼일 없던 나를 인정하고 칭찬해 주신 선생님, 내가 모르던 나의 장점을 찾아서 일깨워 주신 선생님, 힘들 때 내 손을 잡아 주시고, 움츠린 나를 밖으로 인도해 주신 선생님입니다.

부모님이 불신하면
아이도 학교를 불신합니다

지식을 가르치고, 인성을 키워 주고, 변화와 성장을 이끄는 역할을 하려면 선생님의 애정과 열정, 헌신이 있어야 합니다. 그런데, 지금 선생님들의 힘이 많이 빠져 있습니다. 선생님의 역할도 겨우 '지식을 전달하는 사람' '사고 안 나게 아이들 돌봐주는 사람' 정도로 위축되는 것 같습니다. 많은 선생님들이 기가 죽고 에너지가 소진되었습니다. 선생님이나 아이들이나 학부모님이나 대한민국이나 안타까운 일입니다.

요새는 학교나 선생님에게 항의성 전화가 꽤 있다고 합니다. 단순한 항의전화뿐 아니라 교육청 민원도 많다고 합니다.

학교에서 언제든 발생할 수 있는 해프닝 같은 일에도 문제를 제기합니다. 선생님이 큰소리로 야단쳤다고 항의하고, 친구 둘이 툭탁거리다가 살짝 상처를 입으면 관리 소홀로 민원을 냅니다.

이제 막 입학한 자녀를 둔 학부모님들은 '뭔 저런 일로 그럴까?' 하실 것 같습니다만, 이상하게도 저런 해프닝 같은 일이 내 아이에게 일어나면 그냥 쿨하게 넘어갈 수 없나 봅니다. 학부모님의 항의를 받게 되면 선생님은 어떻게 될까요? 놀라고 당황하고 위축됩니다. 자신감도 떨어지고 의욕도 꺾입니다. 무엇보다 자기방어적인 태도를 취하게 됩니다.

부모님이 선생님을 믿지 못하면 선생님만 힘들어지는 게 아닙니다. 안타깝지만 부모님이나 아이도 힘들게 됩니다. 예를 들어보겠습니다. 학생이 너무 떠들고 말을 듣지 않아서 선생님이 야단을 쳤습니다. 부모님이 집에 온 아이의 말을 듣고, 너무 심하신 거 아니냐고 선생님께 항의전화를 합니다. 선생님은 당황합니다. 그 다음날 교실에 가서 그 아이를 보는 순간, 아이 뒤에 서 있는 부모님을 보게 됩니다. 이것이 무의식입니다.

그 이후에 어떻게 될까요? 무의식적으로 아이 뒤에 있는 부모를 안 보려고 하게 됩니다. 결국 아이를 안 보게 됩니다. 아이가 잘 해도, 문제가 있어도 선생님은 무의식적으로 아이를 피하게 됩니다.

또한 선생님께 문제 제기를 한 부모님은 선생님에 대한 불신이 생깁니다. 부모님 마음도 편하지 않고 늘 불안합니다. 좋을 게 없지요. 더욱이 부모님의 불신의 냄새가 당연히 아이 몸에 배게 되고 아이도 학교에서 불신의 냄새를 풍깁니다. 부모님이 선생님을 못 믿으면 아이도 선생님을 못 믿습니다. 그러면 선생님도 자신도 모르게 학생에게 거리감이 느껴지고 불편함을 느낍니다. 이런 느낌은 우리도 모르는 무의식 수준에서 일어납니다.

부모는 아이에게 손을 덜 댈수록 좋지만 선생님은 아이에게 손을 한번이라도 더 대야 좋습니다. 훈육하든 칭찬하든 선생님이 관심을 갖고 아이를 만나야 합니다. 그런데 아이 뒤에 불편한 부모가 보이고 아이의 행동에서 부모의 불신의 냄새가 날 때 선생님은 본능적으로 피하게 됩니다. 이건 어쩔 수 없습니다. 선생님도 자신을 방어하기 때문입니다.

해프닝이 학폭위로 가는 것은
'교육적'이지 못합니다.

학교폭력을 예방하기 위해 학교폭력대책심의위원회(이하 학폭위)라는 제도가 있습니다. 필요한 제도지만 부작용 또한 만만치 않습니다. 사소한 일들이 학폭위로 넘어가면서 부모님들의 싸움이 되고 오히려 문제 해결이 복잡해지고 아이들의 정신적인 후유증만 커지게 되었습니다.

요새는 초등학교 저학년에서 학폭위를 여는 일이 많아졌다고 합니다. 이 글을 읽고 있는 부모님께서는 내 아이와는 전혀 상관없는 일이려니 생각하시겠지만 그렇지 않습니다. 해프닝과 같은 작은 사건이 학폭위로 넘어가는 경우도 많기 때문입니다. 옛날 같으면 '친구끼리 싸울 수도 있지' 하고 넘어갈 일이 지금은 큰 사건이 되는 상황입니다.

저학년에서 학폭위 사건이 많아진 이유는 부모님들의 불안과 불신 때문이 아닐까 생각합니다.

부모님은 내 아이에게 무슨 피해가 갈까, 불이익을 받을까 불안합니다. 무엇보다 '내 아이를 지켜야 한다'는 마음이 큽니다. 아이가 힘들 때 부모가 지켜주기 위해서 나서게 됩니다. 그냥 참고 넘어가면 우습게 보고 또 당할 수 있다는 우려도 있습니다. 또한 내 아이의 자존감을 상하지 않게 하기 위해서, 내 아이 기 안 죽이려고 싸우기도 합니다. 그러다가 아이들의 자존심이 아니라 부모님의 자존심 싸움으로 바뀝니다. 또 학교에 대한 불신도 한 몫 합니다. 학교에 대한 신뢰도 없고, 이런 일이 재발되지 않는다는 보장도 없으니 부모님이 직접 나서서 해결하려고 합니다.

학폭위로 넘어가기 전에 선생님이 중재하기도 어렵습니다. 선생님이 가해자 부모를 불러 상담을 했더니 피해자 부모가 왜 그쪽 부모를 먼저 만나느냐고 편파적이라고 항의합니다. 잘못하면 선생님이 중간에 끼어서 오해 받고 마음고생만 합니다. 선생님도 개입하지 않고 차라리 학폭위로 넘기는 게 낫다고 생각하는 상황이 되었습니다.

선생님은 해프닝 같은 사건이 학폭위로 가는 것이 '교육적'이지 못하다는 것을 압니다. 학폭위로 넘어가면 '원원'으로 끝나지 않는다는 걸 잘 알기 때문입니다. 하지만 선생님도 어쩔 수 없습니다. 예민해진 부모님으로부터 선생님 스스로를 방어해야 하니까요.

저학년 학폭위 관련 소식을 접하면 너무 안타깝습니다. 초등학교 저학년은 아직 초자아가 발달되지 않은 아이들입니다. 옳고 그름을 판단하고 남을 배려하고 자기 행동을 조절하는 능력이 부족합니다. 무엇보다 감정과 몸이 앞서는 시기입니다. 기분 나쁘면 밀쳐대고 싫어하면 미워도 합니다.

그런데 아이들이 싫으면 싫다고 하는 것이 잘못하면 왕따 시키는 게 되고, 기분 나빠서 툭탁거렸는데 때에 따라 폭력이 될 수 있습니다. 팩트만 보면 정서적 학대나 신체적 폭력이 됩니다.

신체적인 문제뿐 아니라 정서적 문제도 폭력으로 여기는 시절이라 폭력의 기준이 민감해졌습니다. 학교폭력에 대한 기준이 너무 확대된 것이 아닌지 고민해 봤으면 좋겠습니다. 행위의 강도나 의도성 여부가 아니라 피해자가 받은 주관적인 느낌만으로 폭력으로 결정됩니다. 사소한 장난이라도 아이가 몸과 마음에 상처를 입었다고 주장하면 학교폭력이 될 수 있습니다. 문제는 이런 기준이 사실 어른들 사회의 기준이라는 것입니다. 아이들끼리 다투다가 멱살을 잡고 몸싸움을 하는 것과 어른들이 멱살을 잡고 몸싸움을 하는 것은 큰 차이가 있습니다. 어른들의 이런 행동은 법적으로는 폭력으로 처벌받을 사건이지만 아이들 세계에서는 해프닝 같은 일인 경우가 많습니다.

부모님들이 교실에서 아이들과 함께 일주일만 생활해 보면 좋겠다는 생각입니다. 그러면 아이들이 얼마나 서로 건드리고 치고 화내고 짜증내는지 보게 될 것이고, 아이들의 사소한 행동이 언제든지 사건, 사고가 될 수 있다는 걸 알고 놀랄 것입니다. 그만큼 아이들의 학교생활은 천방지축이고 난리법석입니다. 이런 아이들의 성장과정의 행동이 어른들의 기준으로 폭력이라는 '죄'의 개념으로 규정됩니다. 아직 어려서 뭣도 모르고 한 행동에 대해 너무 과하고 충격적인 일이 벌어지는 것입니다.

물론 제가 아이들의 문제행동을 두둔하려는 게 아닙니다. 약한 아이에게 모진 행동을 해 놓고 장난으로 한 것이라고 합리화하는 짓을 방치하려는 것도 아닙니다. 단지 법적 해결인 학폭위 이전에 '교육적'으로 해결했으면 하는 간절한 마음일 뿐입니다. 사소한 사건이 일파만파 커져서 학폭위로 넘어가는 일이 많은데 학폭위는 해결책이 아니라 더 큰 후유증이 될 수 있기 때문입니다. 제가 진료실에서 이런 학생들을 많이 봤습니다. 학폭위 후에 가해 학생이나 피해 학생이나 그 후유증으로 힘들어 하는 경우가 많았습니다. 정말 양쪽 모두에게 좋은 결과가 아니었습니다. 왕따로 학폭위를 열면 왕따가 해소되는 것이 아니라 더 심한 심리적 왕따 상황이 옵니다. 작은 싸움이 학폭위를 겪으면 큰 싸움으로 번지고 마음에 상처를 크게 입습니다. 저절로 아물 상처를 괜히 긁어서 큰 흉터를 만드는 것과 같습니다.

특히 초등학교 저학년 때는 정말 학폭위로 가지 않았으면 합니다. 초등학교 저학년 때는 초자아 형성이 진행되는 기간임을 고려해야 합니다. 초등학교 아이들의 행동은 선생님의 훈육으로 하나씩 교정되어야 하는 교육적인 문제입니다.

학교에서 제대로 된 훈육 기능이 사라지니 학폭위는 더 일상이 되었고, 역으로 학폭위가 들어오니 선생님의 훈육 기능이 더 약화되었습니다. 친구들과의 정, 선생님과의 신뢰를 바탕으로 한 교육적 해결 기능은 사라지고 죄와 벌의 냉정한

법이 학교에 들어왔습니다.

학교에서 사건이 생기면 열린 마음으로 선생님과 의논하고 선생님의 조언을 따르기를 부탁드립니다. 이 상황에서 어떻게 하는 게 아이와 부모를 위한 일인지 누구보다 잘 아는 분이 선생님입니다. 선생님은 누구 편을 드는 것이 아닙니다. 길게 봤을 때, 그리고 학생과 부모님 모두를 봤을 때, 무엇이 '윈윈'인지 알고 있기 때문입니다.

어떤 해결책이라도 모두를 만족시킬 수는 없습니다. 마음을 열고 선생님과 소통하고 협력하셔야 합니다. 그 후에 선생님이 방안을 내시면 조금 아쉽고 섭섭한 면이 있을지라도 그것이 내 아이를 위한 선택임을 믿어 주셔야 합니다.

'법'이 들어오는 순간
정도, 관계도, 교육도 사라집니다

한 엄마가 초등학교 5학년 아들과 함께 진료실을 찾았습니다. 이유가 황당했습니다. 아들에게 스마트폰을 그만 하라고 아무리 말해도 듣지 않자 엄마가 화가 나서 아들 등짝을 서너 대 때렸습니다. 아들이 엄마가 자기를 학대했다고 경찰에 신고했습니다.

우여곡절 끝에 엄마에게 일정 기간 상담을 받으라는 조치가 떨어졌고 엄마는 졸지에 학대 부모가 되어 교육을 받게 되었습니다. 엄마는 자신을 고발한 아들에게 심리적인 문제가 있는 건 아닌지 제게 상담을 부탁한 것입니다.

더불어 엄마 또한 상담을 원했습니다. 말 안 듣고 말썽을

피웠어도 귀여운 내 아이였는데 지금은 아들 보기가 겁이 난다는 겁니다. 물론 그 어머니는 학대 부모가 아니었습니다. 정말 평범한 엄마, 평범한 아들이었습니다. 굳이 문제라고 한다면 제가 만난 아들은 약간 나이에 비해 어리다는 느낌 정도였습니다.

아들은 그 전에도 엄마가 가끔 뒤통수를 한 대 치거나 등짝을 때렸다고 하면서 이런 게 아동 학대가 아니냐고 반문합니다. 이제 평범한 가정에 법이 들어왔습니다. 좋은 해결책일까요? 아닙니다! 그 법은 평화와 정의의 법이 아니라 오히려 가정 혼란의 법이 됩니다.

이 상황의 문제는 정으로 해결해야 할 문제가 법으로 넘어갔다는 것입니다. 법은 사실관계, 즉 팩트만 봅니다. 팩트로 보면 엄마는 아들을 폭행한 것이지요. 반면에 정으로 해결할 때는 팩트보다는 기본적인 관계나 핵심적인 가치를 더 중요하게 여깁니다. '엄마가 등짝을 때렸다'라는 사실보다 엄마와 아들의 관계가 더 중요합니다. 정으로 해결하는 원칙은 '신뢰와 화해'입니다. 서로 믿음을 바탕으로 '원윈'을 하려는 것입니다.

하지만 법은 '불신과 처벌'이 원칙입니다. 너를 못 믿으니

그나마 공정하다는 법에 맡겨서 잘잘못을 가리자는 겁니다. 엄마가 화난다고 아들 등짝을 때린 것은 잘못이지요. 하지만 엄마와 아들이 이야기하고 사과하고 화해하면 되는 것입니다. 등짝 몇 대 때렸다고 아들과 엄마가 돌아올 수 없는 원망 관계가 되는 건 아니니까요.

법이 가정에 들어오고 학교에 들어왔습니다. 학폭위는 학교에 들어온 법이라고 할 수 있습니다. 정으로 해결할 때는 나도 조금 손해, 너도 조금 손해 같습니다. 하지만 결국은 '윈윈'이 됩니다. 서로 이해하고 화해하고 다시 관계도 회복됩니다. 오히려 이 일을 계기로 둘 다 성장할 수도 있습니다.

반면에 법으로 해결하면 죄와 벌로 끝납니다. 이겨도 상처뿐인 승리로 끝나고 관계도 완전히 깨집니다. 그 후에 아이들이 겪을 후유증은 말로 표현하기 어려울 정도입니다. 아이를 위해서 한 일이 오히려 아이에게 상처를 주고 학교생활을 힘들게 하는 결과로 끝납니다.

법은 정이 필요 없는 곳, 정으로 해결할 수 없는 문제에 들어와야 합니다. 가정과 학교에서 일어난 문제는 극히 예외적인 경우를 제외하고는 정으로 해결해야 합니다. 물론 고학년 학생 중에는 이미 초자아가 문제가 되어 훈육이 안 되는 아이들이 있습니다. 이런 일부의 아이들은 학폭위를 통해 강력한 외적인 제재가 필요할 수 있겠지요.

학교에서 일어난 일들은 '교육'이라는 큰 틀 안에서 해결했으면 좋겠습니다. 그래야 '교육적'으로 일이 마무리될 수 있습니다.

'법'이 들어오는 순간 정도 깨지고, 관계도 깨지고, 교육은 사라집니다.

'내 아이 내가 지킨다'에서
'우리 아이들 우리가 지킨다'는 마음으로

어느 초등학교에서 강의를 하였는데 끝나고 한 어머니가 제게 심각하게 고민을 이야기했습니다.

아들이 초등 4학년이에요. 선생님한테 전화가 왔어요. 아이가 다퉜대요. 친구랑 둘이 툭탁거리다가 둘 다 넘어졌는데 다치진 않았대요. 아들이 집에 왔는데 다친 데는 없는 것 같았어요.
제 첫 질문이 "그 애는 괜찮니?"였어요. 아이가 화를 냈어요. "엄마는 나보다 그 애가 더 중요해?" 하고요. 당황했죠. "아니야. 아니야. 당연히 네가 더 중요하지. 네가 괜찮은 거 같아서 걔는 어떤가 물어본 거야. 니가 그렇게 생각했다면 미안해."

저도 깜짝 놀랐어요. '왜 내 아이보다 남의 아이를 더 걱정하지?' 하고요. 지금 시대가 어느 때인데 내 아이를 돌보는 것도 힘든데, 내 아이는 신경 못 쓰면서 남의 아이나 신경 쓰고. 다른 엄마들은 자기 아이 지키고 돌보느라 적극적이다 못해 극성인데, 난 구시대 엄마인가?

어떻게 하지요? 제 아이를 먼저 챙겨야 되겠지요? 남의 아이는 그 엄마가 알아서 할 거니까 내 아이 손해 안 보고 내 아이 내가 지켜야죠?

이 어머니께 뭐라고 대답할지 고민되었습니다. 남들도 그러니 내 아이는 내가 지키는 게 맞지 않겠냐고 해야 할지, 아니면 남의 아이를 먼저 생각하는 좋은 마음이 흔들리지 않았으면 좋겠다고 말해 줘야 할지. 이렇게 말씀드렸습니다. 그래도 어머니의 지금 마음이 흔들리시면 안 된다고, 그래도 내 아이만 지킬 게 아니라 우리 아이들 모두를 지켜야 한다고, 그게 진정 내 아이를 위하는 일이라고.

이 어머니가 갖고 있는 '내 아이만'이 아니라 '우리 아이들 모두'라는 마음은 대한민국 부모님들의 원래 마음이었습니다. 우리 대한민국 부모님들의 마음 깊은 곳에 여전히, 늘 있는 마음입니다. 그 고전적인 가치를 다시 찾았으면 좋겠습니다.

정말 그렇게 됐으면 하는 마음에서, 그런 부모님들이 많이 나오길 바라면서, 이 어머니께 착잡한 마음으로 그렇게 말씀드릴 수밖에 없었습니다. 남들이 그럴지라도 더불어 사는 마음, 남의 아이를 먼저 생각해 주는 마음을 간직해 주시기를 바랐습니다. 그래야 오히려 역전의 승리가 일어날 수 있음을 믿고 싶으니까요.

험한 세상이라 부모님들이 '내 자식은 내가 지킨다'라는 이야기를 합니다. 하지만 생각해 봐야 할 게 있습니다. '지킨다'는 단어 속에는 누군가 내 아이에게 피해를 줄지 모른다는 불안이 숨어 있고, 세상은 전쟁터라는 인식이 깔려 있습니다.

자녀가 입학하는 지금, 혹 학교까지 전쟁터로 생각하는 건 아닌지 살펴봐야 합니다. 내 아이를 위험하게 하는 그 누군가에 선생님이나 친구까지 포함되는 건 아닌지 주의해야 합니다.

어느 순간, 선생님도, 친구도 적이 되고, 부모님이 나서서 그들과 싸우게 됩니다. 그때는 정말 학교가 전쟁터가 됩니다.

부모님이 나서는 순간, 아이들의 세상은 깨져 버립니다.

아이는 스스로 힘든 상황을 견디고 성장하는 소중한 경험을 못하게 됩니다. 아이는 친구나 선생님과의 관계 속에서 문제를 해결하는 대신에 부모님 뒤로 숨게 됩니다. 어떤 일로 부모님 뒤로 숨게 된 경험이 습관처럼 평생을 갈 수 있습니다. 아이는 선생님과 친구를 못 믿고, 세상을 못 믿고 부모님만 의지하게 됩니다.

잠재의식 속에서 불안과 불신으로 학부모라는 역할을 시작하는 건 아닌지 잘 살펴봐야 합니다. 선생님과 신뢰와 화합 속에서 함께 해도 쉽지 않은데, 불신과 불안으로 시작하면 좋을 게 없습니다.

내 아이는 나만 지키는 것이 아니라 선생님도 지키고 친구들도 지키고 다른 부모님도 지킵니다. 선생님과 친구들은 '우리 편'입니다. 같은 편 사이에서도 갈등이 있고 다툼도 있지만 '우리'라는 테두리 안에서 건강하게 해결해 나갈 수 있습니다.

내 아이를 학교에 처음 보내면서 '내 아이는 내가 지킨다'는 긴장된 마음이 있다면 내려놓으시고 '우리 아이들은 우리 모두 지킨다'는 화합의 마음으로 시작하면 좋겠습니다.

'성장통'의 경험에
'트라우마'라는 프레임을 씌우지 마세요

외상후스트레스장애(PTSD: post traumatic stress disorder)라는 진단명이 있습니다. 트라우마를 받고 후유증에 시달리는 병입니다.

'트라우마'라는 용어는 어떤 일로 심각한 후유증이 발생하고, 극복하는 데 많은 시간과 노력이 필요한 큰 사건을 뜻합니다. 이 시대는 작은 상처에도 '트라우마'라는 용어를 흔하게 사용합니다. 오히려 그것이 더 큰 문제를 만듭니다. 쉽게 빠져나올 사건이나 '성장통'의 경험에 '트라우마'라는 프레임을 씌워 일을 크게 만들고 상처를 덧나게 하기 때문입니다.

학교에서 많은 일이 일어납니다. 작은 상처도 있겠지만

때로는 힘든 후유증을 겪어야 할 큰 상처도 있습니다. 정신과 의사들은 외상후스트레스장애라는 용어 대신 '외상후스트레스성장(PTSG: post traumatic stress growth)'이라는 용어를 강조합니다.

트라우마를 겪은 후에 잘 수용하고 극복해서 오히려 그 경험이 성장이 되는 것입니다. 혹 트라우마가 발생해도 학부모와 선생님과 학생이 잘 협력해서 정성스럽게 풀어내야 합니다.

트라우마를 겪은 아이도 선생님의 보호와 친구들과의 관계 속에서 일 년을 함께 뒹굴고 어울리면 그 힘든 사건이 아이를 성장시키고, 회복 탄력성을 키우는 좋은 경험으로 남게 됩니다. 학교는 '안전한 마음의 실습장'입니다. 함께 놀면서 성장하는 곳이며, 우정과 따뜻한 세상을 경험하는 곳이며, 좌절과 상처를 겪고 다시 툴툴 털고 성장하는 곳입니다.

아이들은 저학년 때 사회성을 습득해 나갑니다. 나의 욕구와 친구의 욕구가 부딪히고 나의 기대와 친구의 기대가 어긋납니다. 그 속에서 실망도 하고, 울기도 하고, 화도 나고, 심하면 다투기도 합니다. 이런 경험은 핵가족 안에서 관계성을 체험할 기회가 적은 아이들이 학교에서 자연스럽게 거치는 사회화 과정입니다.

내 아이가 학교에서 갈등을 겪으면서 아픔과 상처를 호소하면 걱정되시겠지만, 잠시 숨을 고르고 여유를 가지시면 좋겠습니다. 우리도 어린 시절 수많은 경험을 하면서 성장했으니까요. 아이는 틀림없이 이러한 경험을 통해 한 뼘 자라게 될 것입니다.

학교에서 어떤 일이 발생하면, 마음을 열고 선생님과 소통해서 지혜롭게 해결하시면 좋겠습니다. 부모님이 내 아이를 지키겠다고 개입하는 순간, 아이들의 싸움이 아니라 부모님들의 싸움이 됩니다. 그건 아이들이 겪어야 할 경험이 아닙니다. 선생님과 친구들이 함께 고민하고 해결하는, 힘들지만 소중한 경험을 뺏는 것입니다. 아이들의 건강한 성장통을 트라우마로 만드는 것입니다.

아이의 상처를 성장으로 승화시킬 수 있어야 합니다. 그게 인생을 길게 볼 때 아이를 지키는 방법입니다. 부모님도 그런 상황을 겪으면 힘들겠지만 선생님과 아이를 믿고, 소통하고 응원하고 지켜봐주셔야 합니다.

● 다섯 번째 편지

내 아이의 선생님께
힘을 주세요

선생님들의 상처가 큰 문제가 되고 있습니다. 아이들의 말 한마디, 학부모님의 말 한마디에 상처를 받습니다. 선생님이 아파합니다. 아이들을 보면서 마음이 아프고, 안타까운 학부모님을 보면서도 마음이 아픕니다. 답답한 교육제도에 마음이 아프고, 힘들어하는 동료 교사를 보고 아파하고, 이런 상황에서 아무것도 할 수 없는 무력감에 아프고, 제대로 된 스승 노릇을 못한다고 자책하는 자신이 또 아픕니다. 선생님은 부모 못지않게 우리 아이들이 건강하고 올바르고 멋지게 성장하도록 도와주는 소중한 분입니다.

다섯 번째 편지에서는 내 아이의 기만 살릴 게 아니라 선생님의 기를 살려 주셔야 하는 이유에 대해서 말씀드리려 합니다.

선생님도
마음이 아픕니다

　　　　　교사의 권력이 컸던 시대가 있었습니다. 교사의 말은 법이고 학생은 무조건 복종했습니다. 사랑의 매가 아닌 폭력적인 체벌도 있었습니다. 권한을 남용한 문제적 교사도 있었을 겁니다. 물론 좋은 선생님들 덕분에 대한민국 교육은 건강하게 이어져 왔습니다.

　시대가 변하면서 과거의 권위적인 교육 문화를 바꾸려는 노력이 있었습니다. 교사, 학생, 학부모가 평등하게 소통하는 문화를 만들고자 하였습니다. 그동안 변화의 과정을 거쳤지만 현재 상태는 균형추가 잡힌 것이 아니라, 교사의 지위가 위태로울 정도로 약해졌고 대한민국 교육이 불안한 상황이 되었습니다.

저는 이 상황을 과도기적인 현상으로 보고 싶습니다. 이제 다시 선생님과 학생, 학부모가 마음을 열고, 평등하게 소통하는 건강한 교육문화가 자리잡을 것이라 기대합니다.

지금 선생님의 힘이 많이 약해졌습니다. 이제는 선생님이 최소한의 역할밖에 할 수 없게 되었습니다. 사건 사고만 나지 않도록 신경 쓰면서, 아이들에게 손을 덜 대서 불필요한 민원이나 항의를 안 받는 자기방어적인 기본만 하게 되었습니다.

열정과 애정으로 헌신하는 선생님에게 자칫하면 다친다고 걱정하는 현실입니다. 아이들과 부딪히고 소리치고 끈끈하게 달라붙어야 하는데, 그럴수록 선생님이 위험에 처합니다. 아무것도 안 해야 아무 일도 안 일어난다는 무기력한 말까지 나옵니다.

좋은 선생님이 되고 싶어도 할 수 없는 힘든 환경입니다. 학생 지도는 더욱 힘들어지고, 학부모님과의 관계는 더 까다로워졌습니다. 교사에 대한 사회적 시선도 예전 같지 않습니다. 권위는 떨어지고 위험은 많아졌습니다. 툭하면 학생들은 무시하고 학부모님은 불신합니다. 잡다한 행정업무에 치여 학생 교육에 전념하기도 어렵습니다. 게다가 학부모 민원이라도 생기면 선생님 혼자 감당하면서 극심한 스트레스를 겪습니다.

모르는 전화가 오면 화난 학부모가 아닐까 가슴이 철렁합니다. 많은 선생님들이 육체적 정신적으로 소진 상태입니다.

선생님들의 상처가 큰 문제가 되고 있습니다. 아이들의 말 한마디, 학부모님의 말 한마디에 상처를 받습니다. 선생님이 아파합니다. 아이들을 보면서 마음이 아프고, 안타까운 학부모님을 보면서도 마음이 아픕니다. 답답한 교육제도에 마음이 아프고, 힘들어하는 동료 교사를 보고 아파하고, 이런 상황에서 아무것도 할 수 없는 무력감에 아프고, 제대로 된 스승 노릇을 못한다고 자책하는 자신이 또 아픕니다.

선생님의 역할은
소중합니다

　　　　　부모님들의 선생님에 대한 기대치는 매우 높습니다. 앞에서 초자아를 설명하면서 '자아 이상'을 말씀드렸는데 부모님들 잠재의식 속에도 '이상적인 선생님'이 들어 있습니다.

　부모님들 무의식 속에서는 이상적인 선생님의 기준을 갖고 선생님을 평가하고 있습니다. 지식적으로 뛰어나고, 도덕적, 인격적으로도 높은 수준이어야 합니다. 그런 이상적인 선생님이 아니다 싶으면 금방 실망합니다. 선생님의 작은 실수나 문제만 있어도 쉽게 평가절하하고 불신의 마음이 듭니다.

　하지만 선생님은 저희와 같은 평범한 분입니다. 다만 자신에게 맡겨진 아이들을 위해 책임감을 갖고 애쓰는 사람일 뿐입니다.

선생님의 책임감과 중압감이 이만저만이 아닙니다. 엄마가 집에서 내 아이 한 명 돌보는 데도 많은 에너지가 듭니다. 그 아이들 스무 명을 돌보는 선생님의 에너지는 얼마나 들까요?

엄마의 잠재의식 속에 24시간 자녀들이 있듯이 선생님도 마찬가지입니다. 퇴근하고 집에 가면 학교일을 까맣게 잊고 지내면 좋겠지만 그렇지 못합니다. 선생님의 잠재의식 속에는 늘 반 아이들이 함께 있습니다.

한 선생님이 제게 해준 꿈 이야기입니다. 꿈을 꿨는데 교실에 아이들이 한 명도 없습니다. 어디 갔나 놀랐는데 아이들이 단체로 큰 사고를 당해서 병원에 입원한 것입니다. 어쩔 줄 모르고 발만 동동 구르다가 너무 놀라서 잠에서 깼습니다. 그리고 꿈인 걸 알고 너무 다행이라 엉엉 울었답니다.

교사라는 직업을 성직(聖職)이라고 합니다. 선생님들은 성직자도 아니면서 '성직(聖職)'이라는 책임을 떠안고 살고 있습니다.

선생님들끼리는 '성스러운 직업'이 아니라 '성질 참는 직업'이라고 자조 섞인 말도 합니다. 하지만 선생님들의 마음 깊은 곳에서는 당신들의 역할이 '성직'이라는 것을 알고 있습니다. 부모님을 대신해서 아이들을 돌보고 가르치는 사람, 아이들의 현재와 미래에 중요한 역할을 하는 사람, 대한민국의 미래의 주인공을 키우는 사람이기 때문입니다.

선생님의 마음은 이렇습니다. 아이들이 건강하고 즐겁게 학교생활 하기를 바랍니다. 아이들이 몸 건강뿐 아니라 마음도 건강해서 다른 친구를 배려하고 돕는 멋진 사람으로 성장하기를 바랍니다. 자발성과 창조성이 넘쳐 자기 인생을 재미있고 의미 있게 살기를 바랍니다. 이 사회에, 이 나라에, 그리고 세상에 도움이 되는 어른이 되기를 바랍니다. 선생님은 부모 못지않게 우리 아이들이 건강하고 올바르고 멋지게 성장하도록 도와주는 소중한 분입니다.

학부모님의 믿음이
교육의 버팀목이 됩니다

　　　　　　부모님은 내 아이의 담임선생님이 좋은 선생님이기를 바랍니다. 부모님 바람대로 정말 좋은 선생님을 만나면 좋겠지요. 인격적이고 자상하고 능력 있고 아이들을 부모님보다 더 잘 살펴주기를 바라지요.

　그래도 크게 걱정 안 하셔도 됩니다. 모든 선생님은 기본은 다 하시는 선생님들이니까요. 기본이라고 할 때는 아이들에게 애정과 관심을 갖고 아이들을 돌보고 지도하고 가르치는 것이지요.

　물론 선생님들의 열정과 헌신에는 차이가 있고 선생님의 성향도 개성도 다르겠지요. 하지만 교사라는 마음과 기본적인 역할에는 큰 차이가 없습니다. 그러니 안심하셔도 됩니다. 그리고 아이들은 6년간 성향이 다른 선생님을 만나면서 나름대로 소중한 경험을 하는 것입니다.

물론 선생님에게 서운할 때도 있고 오해할 때도 있고 마음이 상할 때도 있을 것입니다. 선생님이 문제라는 생각이 들 때도 있을 것입니다. 필요한 경우 선생님께 건강한 의견 제시를 할 때도 있겠죠. 그래도 선생님을 믿고 열린 마음으로 소통해 주시길 부탁드립니다.

선생님은 학부모님의 마음과 태도에 따라 반응하게 됩니다. 부모님이 불신의 마음으로 다가오면 선생님도 자기 방어를 하게 되고, 신뢰와 열린 마음으로 다가오면 선생님도 마음을 열고 받아들입니다. 부모님이 믿음과 열린 마음으로 다가서면 어떤 상황이건 원만하게 해결될 것입니다.

선생님에게 힘을 주셔야 합니다. 우리 아이들에게 애정과 열정으로 헌신할 수 있도록 힘을 주셔야 합니다. 부모님들이 학교와 선생님을 다시 믿어주셔야 합니다. 부모님의 선생님에 대한 믿음은 선생님의 성향에 따라 변하는 것이 아니라 흔들리지 않는 기본적인 마음이어야 합니다.

선생님이 잘 해서 믿는 것이 아닙니다. 부모님이 믿어주셔야 선생님이 잘 할 수 있기 때문입니다. 부모님의 그 믿음이 선생님이 우리 아이들을 당당하고 올바르게 가르칠 수 있는 원동력이자 버팀목이 됩니다.

과거에는 교사의 인권이라는 말이 존재하지도 않았습니다. 이제는 역으로 선생님의 인권, 교권이 문제가 되고 있습니다. 교권을 회복하자는 논의가 과거처럼 선생님이 마음대로 하겠다는 주장이 아닙니다. 선생님들이 체벌을 원하고 학생 인권을 무시하겠다는 이야기가 아닙니다. 지금 시대가 어느 때인데 그럴 수 있나요. 선생님의 교육활동이 민원과 항의, 법적인 문제가 되는 심각한 상황이 되었기 때문입니다. 교사 역할을 제대로 할 수 없을 정도로 불안한 상황이 되었기 때문입니다.

지금 교권을 이야기하는 것은 학생도 존중되고, 학생 인권도 보장되고, 선생님도 존중되고 선생님의 권위도 제자리를 잡아 건강한 학교 문화가 이루어지길 바라는 마음입니다.

교권을 살린다고 교육청이나 교육부에서 많은 노력을 합니다. 그러나 별 소용이 없습니다. 위에서 내려온 지시로는 교육 문화가 바뀌지 않기 때문입니다. 망가질 때는 위에서 제도 하나만 삐끗해도 쉽게 망가질 수 있습니다. 하지만 망가진

가치나 문화는 위에서 내린 법령 하나로 바뀌지 않습니다. 물론 교사를 위한 최소한의 안전장치를 위한 법은 필요하지만 법을 고치는 것만으로는 될 수 없습니다.

진정한 교권은 법으로 세워지는 것이 아니라 정과 신뢰로 세워질 수 있습니다. 다시 정이 회복되어야 합니다. 선생님은 학생과 학부모에 대한 애정과 열정을 회복하고, 학생과 학부모는 선생님을 믿고 존중하는 정과 신뢰의 문화가 다시 살아나야 합니다.

아이들의 마음의 고향이
초등학교가 되기를 바랍니다

어떻게 정을 다시 회복할 수 있을까요? 어떻게 다시 신뢰를 회복할 수 있을까요? 어려운 상황의 대한민국 교육 문화를 누가 변화시킬 수 있을까요?

위에서 할 수 없으니 이제 밑에서부터 변화가 일어나야 합니다. 그 변화는 선생님도 할 수 없고 학생들도 할 수 없습니다. 그 시작을 지금 학부모님이 되신 부모님들이 해 주셔야 합니다. 이제 학부모가 된 부모님들마저 학교와 선생님을 못 믿으면 교육이 무너지고, 아이들이 무너지고, 대한민국이 무너지기 때문입니다.

대한민국의 교육의 변화는 학부모님들의 고민과 판단, 그리고 실천으로 시작될 수 있습니다. 이제 학부모님이 우리 교육을 살리는 시작점이고 주체가 되어 주시길 마음깊이 부탁드립니다. 선생님을 믿고 존중하는 교육 문화를 다시 만들어 주시길 부탁드립니다. 우리 아이들을 위해서입니다.

대한민국 교육 문화를 내가 어떻게 바꿀 수 있냐고요? 대한민국 교육 문화까지 생각할 필요 없습니다. 그저 내 아이가 있는 교실만이라도 선생님이 당당하고 자신감 있고 열정과 헌신으로 교육할 수 있게 도와 주시면 됩니다. 다른 학부모는 모르겠습니다. 나만이라도 그렇게 생각해 주시면 됩니다. 선생님을 믿고, 자존감을 지켜주고, 선생님이 마음껏 아이들과 지지고 볶고 뒤엉킬 수 있도록 지켜 주고 도와주면 됩니다.

선생님이 우리 아이들을 잘 지켜 줄 수 있도록 이제 우리가 선생님을 지켜 줘야 할 때입니다. 안타까운 현실이지만 어쩔 수 없습니다.

나 하나만이라도 선생님을 지켜 줘야 합니다. 그 마음이 선생님께 전달되고 내 아이에게 전달될 것입니다. 그리고 다른 학부모님께 전달될 것입니다. 그러면 선생님이 다시 힘을 낼 것입니다. 다시 열정이 살아날 것이고 지금보다 더 아이들 하나하나에 정성을 쏟을 것입니다. 그러면 우리 아이들은 좋은 선생님을 만나고 좋은 친구들도 만나고 좋은 세상을 만나는 것입니다.

이제는 내 아이만 볼 게 아니라 선생님을 봐 주셔야 합니다. 내 아이의 기만 살릴 게 아니라 선생님의 기를 살려 주셔야 합니다. 선생님의 기가 살아야 우리 아이들의 기도 살아나고 대한민국의 기도 살아납니다.

지금은 고향의 개념이 거의 사라졌습니다. 이제 아이들의 마음의 고향이 초등학교가 되기를 바랍니다. 아이들이 커서 자신이 나온 학교와 선생님들을 떠올리면서 흐뭇해하고 그리워하고 고마워하면 좋겠습니다.

신나게 놀고 배우고 온갖 경험을 다 했음에도 안전하고 재미있고 건강하게 성장한 곳으로 추억할 수 있으면 좋겠습니다. 그렇게 되도록 부모님들이 도와주시길 부탁드립니다. 우리 학교 좋은 학교, 우리 선생님 좋은 선생님. 그래야 아이들이 '우리나라 좋은 나라', '우리 지구 좋은 지구'를 만드는 어른으로 성장할 것입니다.

● 여섯 번째 편지

스케일을
크게 키우세요

세상은 급변하고 불안은 더 커집니다. 그럴수록 큰 그림을 그려주세요. 내 아이의 인생을 길고 넓게 봐주세요. 지금 자녀의 모습이, 자녀가 겪는 경험이 아이의 인생 전부인 양 걱정하고 불안해하지 않았으면 좋겠습니다. 부모님들도 살아오면서 많은 사건 속에서 상처와 좌절과 실패를 겪고 여기에 있습니다. 우리가 그렇게 살아왔듯이 아이들도 그들의 인생을 살아갈 것입니다.
내 아이가 자립적으로 살 수 있는 능력을 갖고 재미와 의미를 찾으며 살 수 있도록 하려면 무엇을 해줘야 할까요?
여섯 번째 편지에서는 급변하는 세상을 살아가는 능력의 핵심인 아이들의 자발성을 살려주는 방법에 대해 말씀드리려 합니다.

급변하는 세상에서
보이지 않는 능력을 키워 주세요

세상의 변화가 너무 빠릅니다. 우리 아이들이 살아나갈 20년 후는 지금과는 완전히 다른 세상이 될 것입니다. 끊임없이 변하는 신세계가 될 것입니다.

유튜브에서 다음 단어들을 검색해 보세요. AI, 제4차 산업혁명, 20년 후 세계, 드론, 로봇, 나노, 3D, 자율주행, 복제인간…. 이들 단어를 치면 5분에서 10분 정도의 동영상이 넘쳐 납니다.

그 영상들은 아주 먼 미래의 SF 공상영화가 아닙니다. 10년 안에 이루어질 현실입니다. 내 아이들이 살아갈 세상이 어떤지 감이라도 잡기 위해 꼭 보았으면 좋겠습니다.

혁명적으로 변하는 세상이지만 자녀의 미래에 대한 우리의 준비는 과거의 경험에서 벗어나지 못하고 있습니다. 불안한 미래 세계에 내 아이가 어떻게 살아야 할지 막막하니 오히려 지금까지 인정되어 온 '공부=출세' 공식에 더 집착하는 것 같습니다.

간혹 아이의 적성을 살려 준다고 예체능으로 방향을 트는 경우도 있지만 공부보다 더 힘들고 경제적 부담도 엄청납니다. 그렇게 해도 그 분야에서 성공할 확률은 무척 낮습니다. 불안한 미래를 대비해서 자녀에게 무언가 해줘야 하는데 방향을 찾을 수가 없습니다. 아무것도 안 하기에는 부모님이 불안하니까 결국 남들 다 하는 '공부'로 돌아갑니다.

부모님이 자녀의 미래에 바라는 것을 두 문장으로 요약하고 싶습니다. '부모 도움 없이 독립적으로 살 수 있는 능력'과 '재미와 의미 있는 삶'을 사는 것입니다. 내 아이가 자립적으로 살 수 있는 능력을 갖고 재미와 의미 있게 살면 만사 오케이입니다. 그러기 위해서 무엇을 해줘야 할까요?

공부, 예체능 등 눈에 보이는 무언가를 해주려고 하면 답이 안 나옵니다. 성공할 확률은 바늘 구멍이고 또 급변하는 세상이 어떻게 변할지 모르기 때문입니다. 부모님이 해 주셔야 할 것은 역설적으로 보이지 않는 능력을 키워주는 것입니다.

첨단 미래 사업가로 유명한 일론 머스크에 관한 짧은 동영상을 보았습니다. 사회자가 질문합니다.

"진로를 고민하는 아들이 있는데 첨단 과학기술이 발달하는 이 시대에 앞으로 진로에 대해 어떤 조언을 해주면 좋을까요?"

일론 머스크가 대답을 못하고 한참을 망설이다가 어려운 질문이라면서 이렇게 대답합니다.

"본인이 흥미를 느끼는 일이나 보람을 느끼는 일을 찾으라고 말해 주고 싶습니다. 그리고 다른 사람들에게 가능한 한 도움이 되는 사람이 되려고 노력해야 합니다."

일론 머스크도 이 시대 아이들의 진로에 대해 눈에 보이는 특별한 답을 주기 어려웠을 겁니다. 결국 한다는 말이 너무나 원론적인 '흥미'와 '보람' 그리고 '도움이 되는 사람'이었습니다.

저는 일론 머스크가 뻔한 이야기를 했다고 생각하지 않습니다. 그는 미래에는 보이지 않는 심리적인 가치가 전문가적인 기술 못지않게 중요한 자원이 될 것이라고 생각했을 것입니다.

    흥미 있고 보람 있는 일을 스스로 할 수 있는 능력이 있다면 급변하는 세상에서 살아남을 수 있기 때문입니다. 저는 일론 머스크의 답을 한마디로 '자발성'이라고 말하고 싶습니다.

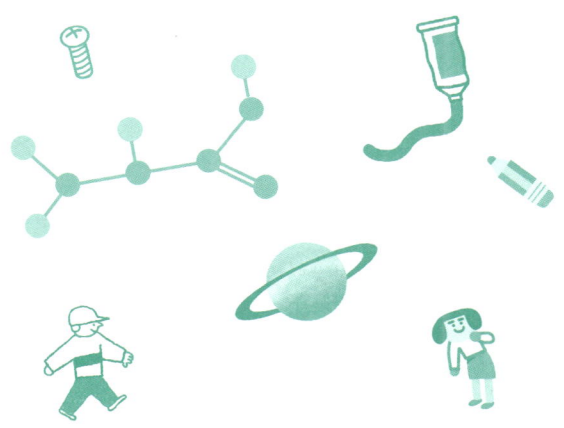

제1의 교육철학이
'자발성'이면 좋겠습니다

보이지 않는 능력 중에서 제일 중요한 것이 자발성입니다. 부모님의 제1의 교육철학이 '자발성'이면 좋겠습니다.

자발성의 정의는 '남의 지시나 영향에 의하지 않고 자기 스스로의 의지에 따라 행동하는 성질'입니다. 당연히 자립심, 독립심도 포함되지요. 자발성은 모든 생명이 지닌 원초적인 힘입니다. 생명력이자 생존력입니다.

자발성이 충만할 때 호기심과 열정, 용기와 도전의 모습으로 나타납니다. 영어 단어 하나도 외우기 싫어하는 아이가 랩에 빠지면 어려운 영어 문장을 달달 외웁니다. 공부를 지겨

워하던 아이가 공부에 자발성이 생기면 하루 열 시간 넘게 공부합니다.

자발성에 대한 또 다른 설명은 '익숙한 상황에 새롭게 반응하고, 새로운 상황에 적절하게 반응하는 힘'입니다. 내 아이의 앞으로의 인생은 황무지에 서 있는 서부 개척자, 화성에 정착하기 위해 첫발을 디딘 우주인과 같다고 생각해야 합니다. 우리 아이들이 만날 세상은 미지의 세계입니다. 끊임없이 변하는 세상입니다. 새로운 세상에 잘 적응하는 힘이 자발성입니다. 미래 세계에서는 자발성이 넘치는 아이들이 잘 살 것입니다.

아이들은 자발성 덩어리입니다. 아이를 보세요. 어찌 그리 호기심도 많고 몰입도 잘하고 생기가 넘칠까요. 아이들이 성장할수록 자발성도 더 커져야 하는데 오히려 자발성이 죽어갑니다. 공부 때문인지, 아니면 부모님의 과도한 사랑의 간섭 때문인지 모르겠습니다.

손을 많이 댈수록
아이의 자발성은 약해집니다

자발성에 반대되는 개념이 수동성입니다. 아이들은 유치원부터 대학 들어갈 때까지 학원 뺑뺑이 돌고 밤 늦게까지 학교와 학원의 좁은 책상에 앉아서 지냅니다. 이걸 잘 하는 능력을 우수한 능력이라고 칭찬합니다. 하지만 이런 능력이야말로 수동성의 극치입니다.

수동성이 너무 익숙한 아이들이라 대학 들어가서도 취직 시험 준비하느라 학원과 책상에 묶여 지냅니다. 살아온 청춘이 재미도 없고 의미도 없고, 세상은 뻔하고 새로운 게 없습니다.

이 시대는 자발성 상실이 보편화되었습니다. 그러니 작은 일에도 포기하고 무너집니다. 스스로 재미와 의미를 만들어내는 힘이 있어야 쓰러져도 다시 일어설 희망이 있는 것입니다. 다시 일어나도 똑같이 힘들고 지겨운 삶인데 뭐 하러 일어나겠습니까?

자발성에 문제가 있는 아이는 빠르면 초등학교 고학년부터 문제행동이 나타납니다. 제가 진료실에서 만나는 아이들은 크게 두 부류입니다.

하나는 은둔형 외톨이처럼 방에서 게임이나 스마트폰에 빠져 지내는 아이들이고, 다른 하나는 가출하고 싸우고 반항적인 행동을 하는 아이들입니다. 그런 행동의 원인이야 많겠지만 특히 은둔형 아이들은 대부분이 자발성 고갈이 원인입니다. 뭘 하려고 하지도 않고 하고 싶은 것도 없는 아이들입니다.

그리고 반항적인 아이들 중에서도 자발성이 문제인 아이들도 꽤 있습니다. 선한 아이들이 건강한 자발성이 막히자 숨이라도 쉬려고 공격적인 행동으로 삐져나온 것입니다.

자발성에 문제가 있는 아이들의 부모님에게는 공통적인 면이 있습니다. 그건 부모님이 아이에게 손을 너무 많이 댄다는 것입니다.

불안한 색안경을 끼고 자녀의 문제를 해결해 준다고 일일이 간섭하고 관여합니다. 또는 헬리콥터 맘처럼 자녀의 일거수일투족을 관리해 줍니다. 확실한 것은 부모가 손을 많이 댈수록 아이의 자발성은 약해집니다.

자발성을 키워주기 위해서는
아이를 믿어야 합니다

자발성을 살리는 방법에 정답이나 매뉴얼이 있는 게 아니지만 도움이 될 만한 팁을 소개합니다.

첫째, 아이가 '뭘 재미있어 하는지'를 기준으로 합니다. 재미는 자발성의 원천입니다. 자녀가 재미있어 하는 것을 부모도 지지해 줘야 합니다. 재미있는 일을 못하게 하면 나중에 재미있는 일을 만드는 능력도 약해지고 세상 사는 게 재미없게 됩니다.

재미를 막으면 자발성도 말라버립니다. 물론 재미있어 한다고 게임이나 스마트폰을 마음껏 하게 해주라는 얘기는 아니죠. 그건 자발성이라기보다는 수동성의 또 다른 모습일 수 있습니다.

둘째, 아이의 자발적 행위를 지켜봐주고 지지해 줍니다. 자발적 행위는 '딴짓'이나 '엉뚱한 짓'으로 나타날 때가 많습니다.

부모님은 아이의 '딴짓'에 의미를 두셔야 합니다. 물론 딴짓을 모두 허용할 수는 없지요. 우선 아이의 자발적 행동이 자신이나 타인에게 해가 되지 않는다면 괜찮을 것 같습니다. 자녀가 어떤 행동을 하려는데 '어? 왜 저걸 하려고 하지?' 하는 생각이 들 때, 잠깐 멈추면 좋겠습니다. 큰 문제가 안 된다면 조금 마음에 안 들어도 아이의 자발성이려니 하고 놔두면 좋을 것 같습니다.

제가 들은 한 어머니의 경험담입니다.

더운 여름날 외출을 하려는데, 일곱 살 아들이 신발장에서 겨울에 신는 털 부츠를 보더니 신고 가겠다고 합니다. 아니, '한여름에 웬 부츠냐?' 하는 생각에 그 신발은 겨울에 신는 거라고, 지금 신으면 더울 거라고 알려줬습니다. 그래도 아들이 신고 가겠다고 합니다. 엄마는 '그래, 너 하고 싶으면 해라' 하고 놔뒀습니다.

아이는 신나게 털신발을 신고 돌아다녔습니다. 그리고 저녁에 집에 와서는 "엄마, 이 신발은 겨울에 신는 게 좋을 거 같아" 이랬답니다. 사실 그 어머니는 아이가 다음에 또 신고 가겠다고 하면 그러라고 할 작정이었답니다.

어머니가 아들의 자발성을 살려준 것입니다. 그 아들은 나중에 에스키모인들에게 선풍기를 팔거나 아프리카에서 털모자를 팔 수 있는 사람이 될 것 같네요.

아이가 하고 싶다는 것을 엄마가 이건 이래서 안되고 저건 저래서 안되고 자꾸 막아버리면 어떨까요? '하고 싶은 것'이 있어봤자 소용이 없으니까 아이 마음속에 '하고 싶은 것'이 사라집니다. 이런 현상을 '학습된 무기력'이라고 합니다. 해 봤자 소용이 없는 상황이 반복될 때, 아무 행동도 안 하게 되는 현상입니다.

고학년이 되거나 중고등학교 때 의욕이 없고 무기력한 아이들이 넘쳐납니다. 스마트폰이나 보고 유튜브, 게임 외에는 관심이 없습니다. 이 아이들에게 하고 싶은 게 뭐냐고 물어보면 하나같이 '하고 싶은 게 없다'고 대답합니다.

자발성을 키워주는 세 번째 방법은 자녀에게 새로운 공간을 자주 접하게 해주는 것입니다. 새로운 공간에 가면 새로운 만남이 있고, 새로운 행동을 하니까요.

우리 아이들은 학교나 학원만 뱅뱅 돕니다. 자녀가 새로운 곳에 가겠다고 하면 응원해주세요. 자녀가 콘서트, 운동 경기, 여행 등 새로운 곳에 가겠다고 하면 불안을 내려놓고 오케이 하면 좋겠습니다. 새로운 공간에서 새로운 경험을 하는 것이 학원 한 달 다니는 것보다 자녀 인생에 훨씬 이득입니다.

생각해 보세요. 나 초등학교 때, 아니면 중고등학교 때, 새로운 곳에 간 적이 있는지요? 365일 학교에서 공부하던 기억과 딱 한 번 콘서트 간 기억? 어느 기억이 소중하고 내 인생에 영향을 줬을까요?

자녀가 새로운 공간을 찾을 수 있게 도와주세요. 불안이 올라오면 도리도리 털어내고 자녀를 응원해 주세요.

자발성을 키워주기 위해서는 우선 아이를 믿어야 합니다. 믿지 못하니 안 된다 하고, 불안하니 이것저것 손을 댑니다. 부모님이 자녀를 믿는 훈련을 해야 합니다. 아이의 자발적 행동이라고 생각되면 받아주는 훈련을 해야 합니다. 놀러 간다 하고, 딴짓 하고, 엉뚱한 행동 하고, 튀는 행동 하고, 새롭게 뭔 일을 꾸밀 때, 꾹 참고 때로 못 본 척하고 놔두는 연습을 해야 합니다.

그런데 이런 의문이 들 수 있습니다. 그럼 아이 하고 싶은 대로 다 놔두라는 말인가? 네, 그게 문제죠. 어찌 아이가 하고 싶다고 다 하게 해 줄 수 있나요? 당연히 안 되는 건 안 되는 거죠.

그럼 못하게 하는 기준, 안되는 기준을 어떻게 잡으면 좋을까요? 좋은 답이 있습니다. 그 기준은 부모님이 견딜 수 있는 정도면 됩니다. 이건 못 참겠다 하면 못하게 해야죠. 하지만 이 정도는 참을 수 있다 싶으면 그냥 봐주시면 좋을 거 같습니다.

물론 부모님마다 기준이 다릅니다. 허용을 많이 하는 부모님이 있고 허용의 폭이 좁은 부모님이 있습니다. 상관없습니다. 다만 부모님이 기존에 허용했던 폭을 한 뼘씩 늘려서 열을 반대했다면 이제는 그 중에 한 번은 양보하는 마음을 가지면 그것으로 충분합니다. 그러면 자녀의 자발성을 살려주는 부모님입니다.

부모님의 교육관에 자발성이라는 단어가 일순위면 좋겠습니다. 자발성은 자기 인생을 즐길 수 있는 능력입니다. 일상에서 재미를 찾고 의미를 만들어내는 능력입니다.

부모님 마음속에 자발성이라는 단어가 있느냐 없느냐에 따라 30년 뒤에 내 아이의 인생이 크게 달라집니다. 자발성의 힘을 생생하게 살려주는 것이 이 시대의 최고의 자녀교육이라고 확신합니다.

내 아이의 인생을
길고 넓게 봐주세요

 부모의 마음이 아이를 키웁니다. 정승처럼 키우면 정승이 된다고 합니다. 부모가 대접한 대로 아이는 대접받습니다. 내 아이가 어떤 아이로 크면 좋을까요? 30평 아파트에 갇힌 아이보다는 드넓은 세상의 아이가 더 멋지지 않을까요? 내 아이가 잘 먹고 잘 살았으면 하는 마음으로 키우면 내 아이는 먹고사는 거 걱정하는 아이로 클 겁니다.
 부모님이 스케일을 크게 생각하면 좋겠습니다. 부모님이 이런 마음을 갖고 아이를 대접해 주세요.

 그까짓 먹고사는 건 문제가 아니다. 내 아이 그러려고 세상에 나온 거 아니다. 내 아이는 누군가에게 따뜻한 손을 내밀어 주는 아이가 될 거다. 내 아이는 누군가에게 살 맛을 주는 아이가 될 거다. 내 아이는 누군가에게 희망이 되는 아이가 될 거다.

부모님의 무의식에 '내 아이는 누군가에게 힘이 되는 아이가 될 거야' 하는 마음이 딱 자리잡기를 바랍니다. 남의 인생에 도움이 되는 아이는 자기 잘 먹고 잘 사는 게 문제가 되지 않을 테니까요.

세상은 급변하고 불안은 더 커집니다. 그럴수록 큰 그림을 그려주세요. 내 아이의 인생을 길고 넓게 봐주세요. 지금 자녀의 모습이, 자녀가 겪는 경험이 아이의 인생 전부인 양 걱정하고 불안해하지 않았으면 좋겠습니다.

부모님들도 살아오면서 많은 사건 속에서 상처와 좌절과 실패를 겪고 여기에 있습니다. 우리가 그렇게 살아왔듯이 아이들도 그들의 인생을 살아 갈 것입니다. 초등학교 때가 인생 전부가 아니고, 중학교, 고등학교에서 인생 끝나는 거 아니니까요.

아이가 겪어야 할 인생이 있다는 걸 잘 알면서도 눈앞의 아이의 아픔과 상처에 쩔쩔맵니다. 그래서 부모겠지요. 부모님이 자녀의 인생을 넓고 길게 지켜봐 주시면 좋겠습니다. 좋은 일도 있고, 힘든 일도 있겠지만 자녀가 겪을 인생의 길이려니 받아주시고 옆에서 지지하고 응원해 주세요. 부모님의 넓은 사랑으로 우리 아이들은 건강하고 멋지게 자기 인생을 살아갈 것입니다.

편지를 마치며

　　　　　　이제 글을 마치려고 합니다. 저는 30년 동안 진료실에서 마음 아픈 분들의 이야기를 들어주는 일만 해왔습니다. 학교 현실도 잘 모르고 학부모님의 심정도 충분히 헤아리지 못합니다. 그럼에도 용기내서 글을 올립니다.

　제 글이 학부모님께 얼마나 가 닿을지 모르겠습니다. 당장 내 아이가 학교에 잘 적응할 수 있을까 고민하는 부모님께 어쩌면 상관없는 이야기일 수도 있겠지요. 그래도 이 편지를 받고 내 아이에 대해서, 아이가 다닐 학교에 대해 잠깐이라도 생각하는 기회가 되었으면 좋겠습니다.

　혹 편지글에서 불편하거나 받아들이기 어렵다고 생각하

는 내용도 있을 것입니다. 그래도 아이들을 위한 마음이려니 하고 너그럽게 이해해 주시길 부탁드립니다.

우리 아이들은 학교에서 건강하고 재미있고 신나게 생활하고 멋지게 성장할 것입니다. 대한민국 미래를 이끌 자녀들을 애정과 헌신으로 키우시는 부모님께 존경과 감사의 인사를 드립니다.

사랑스런 자녀의 초등학교 입학을 진심으로 축하드립니다!

에필로그

강강술래 학교

초등학교 학부모님들을 대상으로 강의를 하러 갔습니다. 학부모 참관 수업이 있는 날이었습니다.

그날, 저는 갑자기 아이들의 교실을 보고 싶었습니다. 긴 복도를 걸어가면서 옛날 제가 학교 다닐 때의 기억이 떠올랐습니다. 그때는 복도에서 레슬링 하는 것이 유행이었습니다. 친구와 둘이 복도에 뒹굴면서 난리를 쳤습니다. 지금 그 모습을 보면 선생님들이 놀랄 거 같습니다. 싸우는 게 아닌지, 저러다 크게 다치는 게 아닌지. 아주 먼 기억이지만 복도에서 뒹굴던 장면을 떠올리니 살짝 웃음이 납니다. 그때는 그랬구나….

창문 너머로 수업중인 교실을 들여다봅니다. 3학년 교실입니다. 모둠 활동을 하는지 네다섯 그룹으로 나눠서 아이들이 모여 웃고 떠들고 있습니다.

어떤 아이는 일어나서 펄쩍펄쩍 뛰고 있고, 어떤 아이는 책상을 쿵쿵거리고, 어떤 아이는 얌전하게 뭔가 만지작거리고 있습니다. 선생님이 뭔가를 설명하려고 하는지 "얘들아~ 얘들아~" 소리치고 있습니다. 아이들의 웃음소리, 쾅쾅거리는 소리, 거기에 선생님의 소리까지 왁자지껄합니다. 창문으로 그 장면을 보다가 갑자기 코끝이 찡하고 살짝 눈물이 글썽였습니다.

교실 속의 풍경이 마치 소리 없는 느린 화면처럼 움직였습니다. 아이들은 웃고 떠들고, 선생님은 손짓하면서 아이들과 어우러지고 있었습니다. 아, 그 풍경이 너무 사랑스러웠습니다. 아름다웠습니다. 아이들의 맑은 웃음, 팔팔 뛰는 몸짓, 밝은 표정. 아, 생명력이었습니다. 신나는 에너지 덩어리였습니다. 우리들의 미래였습니다. 그 장면을 보면서 가슴이 뭉클했습니다.

그래서 제가 이 글을 쓰고 있는지 모르겠습니다. 그때 본 생명력, 그 생명의 교실, 그 아이들, 그 선생님…. 생명력이 넘치는 신나는 학교가 제 몸 안에, 제 마음 안에 여전히 있기 때문입니다. 그래서 이 글을 써야만 했던 것 같습니다.

    이 글을 쓰는 동안 많은 갈등이 있었습니다. 내가 이런 얘기를 한들 무슨 소용이 있을까 하는 무력감도 있었고, 주제넘는 충고를 하려는 건 아닌가 하는 우려도 있었습니다. 그래서 쓰다가 그만두고 또 쓰다가 포기했습니다. 그런데 이건 내가 쓸 게 아니다 하고 포기하면 다시 쓰라는 듯 메시지가 옵니다.

    쓰기를 그만두면 아픈 선생님이 상담하러 오질 않나, 또 포기하면 이번에는 힘들어 하는 학부모가 찾아오고, 또 중단하면 아픈 아이를 만나게 됩니다.

    그래서 어느 날 결심했습니다. 주제넘는 일이든, 소용없는 일이든, 써야겠다고요. 이 책으로 어떤 부모님 한 분, 어떤 선생님 한 분, 어떤 아이 한 명에게라도 도움이 된다면 그 분을 위해 써야겠다고 마음을 굳혔습니다.

    아이들이 안 아팠으면 좋겠습니다. 부모님이 안 아팠으면 좋겠습니다. 선생님이 안 아팠으면 좋겠습니다. 그래서 대한민국이 안 아팠으면 좋겠습니다.

선생님이 신나게 아이들을 가르쳤으면 좋겠습니다. 부모님이 마음놓고 아이를 학교에 보내면 좋겠습니다. 아이들이 친구들과 신나게 놀고 배웠으면 좋겠습니다.

100미터 달리기 하듯 경쟁하는 학교가 아니라 아이들이 손에 손을 잡고 강강술래 하면서 성장하는 학교가 되었으면 좋겠습니다. 선생님과 부모님과 아이들이 다 함께 손을 잡고 강강술래 춤추는 학교가 되었으면 좋겠습니다.

우리 아이들을 살리는 학교, 우리 대한민국을 살리는 학교, 강강술래 학교가 되었으면 좋겠습니다.

30년 경력 정신과 의사가
초등학교 입학 자녀의 부모님께 드리는 편지
강강술래 학교

1판 1쇄 발행 ◦ 2023년 12월 15일
1판 2쇄 발행 ◦ 2024년 11월 1일

지은이 ◦ 윤우상

그림 ◦ 아소코민   디자인 ◦ ssonya   인쇄 ◦ 대신인쇄
펴낸이 ◦ 전욱
펴낸곳 ◦ 도서출판 오천
전화 ◦ 010-3154-4790
출판등록 ◦ 제2023-000001호(2023.02.06)
주소 ◦ 광주광역시 광산구 송도로 164 3층 301호 b09실
이메일 ◦ five_000@naver.com

ⓒ 윤우상 2023
ISBN 979-11-985789-0-7

* 이 책의 저작권은 지은이에게 있습니다.
  이 책 내용의 일부 또는 전부를 다른 곳에 쓰려면 반드시 저작권자의 동의를 받아야 합니다.
* 책값은 뒤표지에 있습니다.